Aaron Ruben Curcio

Nachhaltiges Konsumieren in einer globalen Welt? Geht das?
Theoretische Überlegungen und Erfahrungen aus der Praxis

AF221222

Aaron Ruben Curcio

Nachhaltiges Konsumieren in einer globalen Welt? Geht das?

Theoretische Überlegungen und Erfahrungen aus der Praxis

2021
Rom
Autorenausgabe

Das Buch wurde von Martina Nied lektoriert.

Umschlaggestaltung unter Verwendung einer Abbildung des Autors. Illustration von Jana Zwicky.

ISBN 9783751968713

Bibliografische Information der Deutschen Nationalbibliothek: Die Deutsche Nationalbibliothek verzeichnet diese Publikation in der Deutschen Nationalbibliografie; detaillierte bibliografische Daten sind im Internet über dnb.dnb.de abrufbar.

Herstellung und Verlag: BoD – Books on Demand, Norderstedt
Printed in Germany.

Inhaltsverzeichnis

Vorwort

In diesem Buch geht es zum größten Teil um das Konsumentenverhalten im heutigen globalen Zeitalter und psychologische Konzepte, die dir beim Verkauf deiner Produkte oder deiner Ideen helfen werden.

Ich wollte aber nicht einfach ein langweiliges 500-Seiten-Buch schreiben, in denen ich uninteressante und unwichtige Themen bespreche und mich 1000-mal wiederhole, nur um das Buch noch dicker zu machen. Deshalb habe ich alle Kapitel so synthetisch wie möglich gehalten.

Zudem finde ich es wichtig, nicht nur auf theoretischer Ebene zu diskutieren. Aus diesem Grund findest du bei manchen Abschnitten meine persönlichen Überlegungen, in denen ich über Probleme, Tipps und Fehler spreche, auf die ich gestoßen bin bzw. gemacht habe. Leitfragen waren dabei: *Was habe ich bereits gemacht? Was war positiv? Was war negativ? Welche Schwierigkeiten hatte ich und welche Antwort gibt mir die Forschung? Und was müsste ich in Bezug auf die Forschungsergebnisse zukünftig verändern bzw. unternehmen?* Diese Abschnitte stehen immer in Grau.

Davor aber noch ein paar Infos zu meiner Person und wieso ich dieses Buch überhaupt geschrieben habe.

Nachdem ich mein Start-Up *Addicted To Nature* (https://addicted-to.com) gegründet hatte, blieb für mich ein zentraler Aspekt in meinem Unternehmen noch ungelöst. Obwohl ich selbst von meinen angebotenen Produkten überzeugt war, fragte ich mich: *Wie kann ich potentielle Konsumenten besser erreichen und wie kann ich sie als Käufer gewinnen?* Es gibt ein berühmtes Sprichwort, das genau dies auf den

Punkt bringt: „Der Wurm muss dem Fisch schmecken, nicht dem Angler."[1] Diese Frage werde ich mithilfe der von mir gelesenen Sekundärliteratur[2] in diesem Buch kompakt beantworten, ohne groß um den Brei herum zu reden. Dabei gehe ich im ersten Kapitel auf den Begriff Konsument, Prosument und das Konsumentenverhalten ein. In einem zweiten Kapitel werden Erkenntnisse aus der Konsumentenverhaltensforschung beschrieben, die jeder Unternehmer in seinem Repertoire haben sollte. Im dritten Kapitel geht es um den Konsumenten im digitalen Zeitalter und im vierten Kapitel beschäftige ich mich mit „Öko-Marketing", einem Thema, das immer wichtiger wird.

1

Konsument, Prosument und Konsumentenverhalten

Die Konsumentenorientierung ist für den Unternehmenserfolg deshalb so wichtig, da sich die Märkte in den letzten Jahrzehnten von Verkäufermärkten hin zu Käufermärkten verschoben haben.[3] Bei einem *Verkäufermarkt* ist die Nachfrage in der Regel größer als das Angebot, wie z.b. in Deutschland nach dem Zweiten Weltkrieg, nach der Stunde Null. Es war kein gezieltes oder gruppenspezifisches Marketing notwendig. Aufgrund der großen Nachfrage konnten die Anbieter ihre Produkte, die auch viel weniger waren als heute, recht gut verkaufen. Durch den technischen Fortschritt, die Marktsättigung in vielen Bereichen und die Angebote ausländischer Firmen aufgrund der Globalisierung können Kunden heute aus einer Vielzahl von konkurrierenden Angeboten auswählen. Das Angebot ist größer als die Nachfrage und man muss sich, um Produkte erfolgreich zu vertreiben, am Käufer orientieren. Deshalb spricht man auch von *Käufermarkt*. Doch wer ist der Kunde/ die Kundin bzw. der Käufer/ die Käuferin? Wie verhalten sie sich? Wie denken sie? Um erfolgreich Marketing zu betreiben, muss man also das *Konsumentenverhalten* kennen.[4]

„Von **Konsumentenverhalten** sprechen wir, wenn der Mensch in seinem Erleben und Verhalten die Rolle eines Konsumenten einnimmt und Güter und Dienstleistungen erwirbt, ge- bzw. verbraucht oder entsorgt."[5]

Dabei definieren Hoffmann/Akbar (2016: 3) mit Erwerb „alle Handlungen des Konsumenten [...], die auf den Kauf eines Produktes abzielen [...]", von der Informationsrecherche bis hin zur Bewertung von Eigenschaften alternativer Produkte. Dies kann in einem Geschäft oder auch online in einem Webshop passieren. Der zukünftige Gebrauch spielt ebenso eine entscheidende Rolle für den Kauf eines bestimmten Produktes. Soll dein Produkt ein reiner Nutzgegenstand sein, dann muss es andere Eigenschaften haben als wenn es um das persönliche Image und das Beeindrucken von anderen geht. Auch die Entsorgung nach dem Gebrauch ist ein wichtiger Aspekt, der gerade heute für eine ökologische und nachhaltige Zukunft von großer Bedeutung ist.

Traditionell basiert der Begriff Konsument auf einer Unterscheidung von Produktion und Konsumation. Jedoch löst sich diese klare Trennung in der digitalen Ära auf, denn Konsumenten mischen sich immer mehr in den Entwicklungsprozess der Produktion ein. Mittlerweile hat jeder die Möglichkeit, ein selbst kreiertes Produkt in den Sozialen Medien oder auf *Youtube* anzupreisen und zu verkaufen. Dafür gibt es Begriffe wie „Customer-Participation" und „Co-Creation" und auch ein neues Wort, nämlich „Prosument".[6]

Um das Konsumentenverhalten besser beschreiben zu können, bedarf es verschiedener Disziplinen wie der Psychologie, Ökonomie, Soziologie, Biologie und Physiologie. Bei der Erforschung des Konsumentenverhaltens wird auch das Erleben des Konsumenten eingeschlossen. Kaufen ist heute nicht mehr nur eine Befriedigung der Bedürfnisse, sondern auch Erlebnis, Event, geworden. Dafür hat man dem Schema des *Stimulus-Response*, das aus der Psychologie kommt, noch die des „Organismus" hinzugefügt, um beim Konsumenten ablaufende vermittelnde Prozesse miteinzubeziehen und um erklären zu können, wie und warum sich ein Konsument auf eine bestimmte Art und Weise verhält.[7]

In den *Storys* auf den Sozialen Medien starte ich oft Umfragen, welche Produkte die Konsumenten als nächstes gerne im Shop sehen wollen. Oft habe ich nämlich verschiedene Ideen für zukünftige Produkte und oft kann ich mich nicht entscheiden, welches ich als nächstes vertreiben möchte. Die Umfrage hat zwei Vorteile: Ich sehe die Vorlieben der Konsumenten und gleichzeitig fühlen sie sich bei der Entscheidungswahl miteingebunden.

2

Erkenntnisse aus der Konsumentenverhaltensforschung und dem Neuromarketing

Es ist eine große Herausforderung, das Verhalten der Konsumenten zu verstehen, zu erklären, vorauszusehen oder sogar zu verändern. Das Konsumentenverhalten kann je nach Persönlichkeit, nach Lebensstil und nach dem kulturellen Background unterschiedlich sein. Aber auch die konkrete Situation und die zur Verfügung stehende Zeit, aber auch das Image des Anbieters, die Verpackung des Produktes haben Einfluss auf das Konsumentenverhalten. Die Vorteile, die das Wissen über den Konsumenten und sein Verhalten für das Marketing bringt, sind folgende:[8]

1. Die Produktentwicklung und -gestaltung (Produkt-Politik) kann an die Bedürfnisse der Zielgruppe angepasst werden.
2. Die maximale Preisbereitschaft des Konsumenten kann abgeschöpft werden (Preis-Politik).
3. Der Vertrieb kann an die Präferenzen des Konsumenten angepasst werden (Distributions-Politik).
4. Die Konsumentenbedürfnisse können über verschiedene Kommunikationskanäle wie z.B. TV-Werbung, Online-Advertising etc. angesprochen werden (Kommunikations-Politik).

In der Konsumentenverhaltensforschung, einer Teildisziplin der Marketingforschung, gibt es verschiedene Erklärungsmodelle des Konsumentenverhaltens und es gibt unterschiedliche Forschungsmethoden.[9] Interessant sind vor allem die Ergebnisse aus der Konsumentenverhaltensforschung und der Hirnforschung. Dabei gehe ich insbesondere auf folgende Themen ein:[10] Motivation und Emotion (§ 2.1.), Kognition (§ 2.2.), Einstellung (§ 2.3.), Entscheidung (§ 2.4.), interindividuelle Unterschiede (§ 2.5.), soziale Umwelt (§ 2.6.) und physische Umwelt (§ 2.7.).

2.1. Motivation und Emotion

Motive gehören zu den Charaktereigenschaften, die ein Leben lang stabil bleiben und in bestimmten Situationen aktiviert werden. Sie sind „die konkrete Umsetzung der Emotionsprogramme in unseren aktuellen Lebensvollzug und in aktuelle Situationen."[11], während die *Motivation* sich eher auf eine spezielle Situation bezieht und alle Prozesse einschließt, die physische und mentale Aktivitäten auslösen, steuern und aufrechterhalten. Wird dies bewusst getan, so spricht man von *Handeln*. Es sind 1. das Streben nach Wirksamkeit und 2. die Organisation von *Zielengagement* und *Zieldistanzierung*, die das motivierte Handeln bestimmen. Beim Zielengagement wird Wesentliches hervorgehoben und Unwesentliches ausgeblendet. Bei der Zieldistanzierung wird eine ursprünglich geplante Handlung kurzfristig, aufgrund eines alternativen Ziels, nicht aktiviert. In meinem Falle würde Letzteres bedeuten, dass jemand, der ursprünglich eine Bio-Seife kaufen wollte, dann durch irgendetwas in einer bestimmten Situation negativ beeinflusst wird, d.h. die Bio-Seife also nicht mehr kauft, und sich dann entsprechend rechtfertigt, z.B. dass sie eine andere Haut hat und deshalb keine festen Seifen benutzen kann.

Die Motivationspsychologie versucht zu erklären, was den Menschen motiviert und konzentriert sich bei der Erforschung menschlicher Motive vor allem auf drei:

- „**Macht:** Andere kontrollieren und beeinflussen sowie Kontrollverlust vermeiden.
- **Leistung:** Erfolg bei Zielerreichung herbeiführen und Misserfolg vermeiden.

- **Anschluss:** Wechselseitig positive Beziehung herstellen und Zurückweisung vermeiden."[12]

Zudem unterscheidet man zwischen *verhaltensübergreifenden Konsumentenmotiven*, wie Selbstschutz, Krankheitsvermeidung, Zugehörigkeit, Status, Partner-Anwerbung, Pflege der Partnerschaft und Familienwohl und *verhaltensspezifische Konsumentenmotive* wie bspw. umweltschützendes Verhalten.[13] Konsumenten, die umweltbewusst handeln, haben ein egozentrisches Motiv (sie brauchen die Natur zur Erholung oder für sportliche Aktivitäten oder/und fühlen sich in der Natur einfach glücklich), ein ökozentrisches Motiv (die natürliche Umwelt soll ihrer selbst willen erhalten bleiben) und ein anthropozentrisches Motiv (der Mensch kann nur in einer gesunden Welt überleben).

Interessant finde ich die *Bedürfnispyramide* nach Maslow (vgl. Abb. 1), in der er eine Hierarchie der Bedürfnisse formuliert, und in der er erklärt, dass der Mensch zuerst versucht, seine Grundbedürfnisse wie Hunger und Durst zu befriedigen, um dann zur nächsten höhergelegenen Stufe zu gehen.

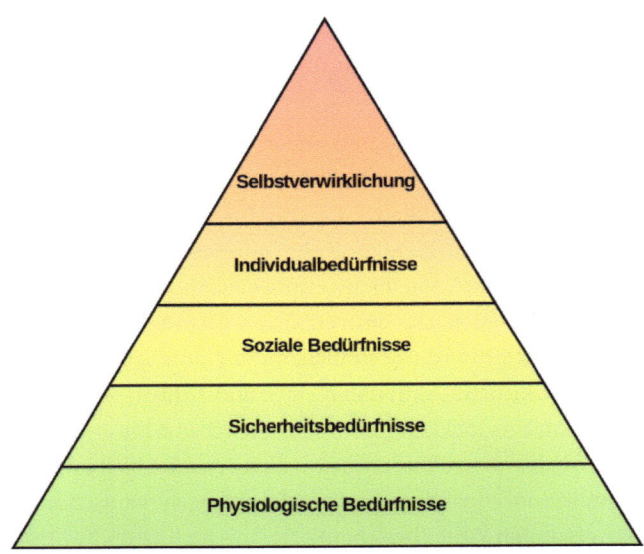

Abbildung 1: Bedürfnispyramide nach Abraham Maslow[14]

Das oberste Bedürfnis ist nach Maslow die Selbstverwirklichung. Aber bevor nicht alle anderen darunterliegenden Bedürfnisse befriedigt sind, kann der Mensch sich nicht um die Selbstverwirklichung kümmern.

Die Bedürfnispyramide nach Abraham Maslow kennst du wahrscheinlich schon und hast sie schon öfters in Wirtschaftsbüchern gesehen. Trotzdem finde ich es wichtig, diese nochmals kurz mit einem Beispiel aus meinem eigenen Start-Up *Addicted To Nature* zu erklären, da sie das Fundament im Thema Konsum ist.

Ein ganz banales Beispiel wäre, wenn ich versuchen wollte, meine Bio-Seifen, in Ländern zu vermarkten, wo Menschen jeden Tag damit beschäftigt sind, Nahrung für sich und die Familie aufzutreiben. Eine Bio-Seife ist ein Produkt, das nicht für die Befriedigung alltäglicher Bedürfnisse gebraucht wird. Es könnte eher zu den sozialen Bedürfnissen gehören, z.B. zu einer Öko-Gruppe dazugehören zu wollen, oder durch das Benutzen einer nachhaltigen Seife Anerkennung zu erhalten (Individualbedürfnis) oder die eigene Persönlichkeit zu entfalten. Wie man festgestellt hat, kaufen viele Konsumenten in unserer heutigen westlich orientierten Welt vor allem Produkte, um sich selbst zu verwirklichen, was die oberste Spitze der Maslowschen Pyramide darstellt. Wichtig ist natürlich auch, dass man Variationen anbietet: Duft, Menge, Farbe, etc., quasi für verschiedene Typen, damit sich jede/r individuell entfalten kann. Oder eine bestimmte Seifensorte (z.B. eine schwarze Kohleseife) ist gerade in Mode und man will dabei sein, dazugehören.

Auch in den vergangenen Monaten der Corona-Krise konnte man ganz deutlich beobachten, dass die physiologischen und die Sicherheitsbedürfnisse im Vordergrund standen, auch wenn die Menschen trotzdem gekauft haben. Jeder hat sich darum gekümmert, sich einen Vorrat an Lebensmitteln anzuschaffen und sich irgendwie „in Sicherheit zu bringen", um nicht lebensbedrohlich krank zu werden. Der Online-Handel hat davon extrem profitiert.

Eine andere interessante Theorie ist die des *hedonistischen Prinzips*, die aussagt, dass Menschen immer nach Wohlbefinden streben und unangenehme Zustände vermeiden. Sie tun dies auf zwei verschiedene Weisen, entweder versuchen sie, aktiv positive Ergebnisse zu erzielen (Promotionsfokus),

suchen die bestmögliche Strategie aus, um das Ziel zu verfolgen. Dabei nehmen sie auch bestimmte Risiken in Kauf. Andere Menschen handeln eher präventiv (Präventionsfokus), versuchen negative Situationen und Verluste zu vermeiden, sind also eher auf Sicherheit bedacht.

Konsumenten mit einem starken Promotionsfokus sind im Online-Vertrieb sehr interessant. Diese lassen sich nämlich oft von „Hypes" lenken und kaufen Produkte, die ein Problem zu lösen scheinen. Konsumenten mit einem starken Präventionsfokus lesen sich mehr in ein Produkt ein und wägen anschließend ab, ob sie das Produkt wirklich brauchen.

Kurt Lewins hat eine wichtige Theorie entwickelt, nach der ein Produkt für ein bestimmtes Individuum einen eher positiven oder eher negativen Wert annehmen kann. Objekte, die der Bedürfnisbefriedigung dienen, erhalten einen eher positiven Wert. Oft wirken dabei mehrere Kräfte auf den Konsumenten ein und es kommt zu Konflikten. Lewis nennt drei Arten von Konflikten: 1. Annäherungs-Annäherungs-Konflikt (zwei Produkte haben eine positive Wertigkeit und der Konsument kann sich zwischen den beiden Produkten nicht entscheiden), 2. Vermeidungs-Vermeidungs-Konflikt (der Mensch steht zwischen zwei negativ besetzten Produkten, muss sich aber für eins der beiden entscheiden) und 3. Annäherungs-Vermeidungs-Konflikt (Ein Produkt hat sowohl einen positiven als auch einen negativen Wert). Hoffmann/Akbar behaupten, dass sich die Konsumenten oft in einem Annäherungs-Vermeidungs-Konflikt befinden und dass das Marketing versucht, diese Konflikte zugunsten des Produktkaufs zu lösen.[15]

Motivation ist auch eng mit Emotion verbunden.[16] Nach Häusel gibt es neben den Vitalbedürfnissen wie Essen, Schlafen und Atmen noch drei große Emotionssysteme, die das Leben jedes Individuums mitbestimmen: Das *Balance-System*, das *Dominanz-System* und das *Stimulanz-System* (vgl. Abb. 2).

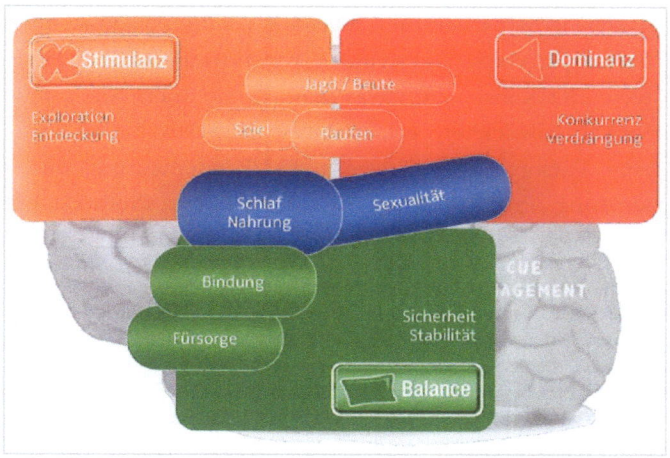

Abbildung 2: Die Emotionssysteme im Kunden-Gehirn[17]

Das *Balance-System* führt dazu, dass der Mensch nach Sicherheit, Ruhe und Harmonie strebt. Er/ Sie ist glücklich, wenn alles an seinem gewohnten Platz ist und wenn alles in Ordnung ist. Nach Häusel (2016) macht sich dieses System in konkreten Kaufmotiven bemerkbar, wie z.B. verlässliche Qualität und lange Haltbarkeit des Produkts, verlässliche Verkäufer, die eigene Wohnung, in der man sich wohl fühlt, Liefersicherheit, Familienunternehmen mit persönlichem

Kontakt zum Konsumenten, Konstanz und Berechenbarkeit im gesamten Verkaufsprozess.[18] Zum Balance-System gehören auch die *Bindung* und die *Fürsorge*, das heißt die Zugehörigkeit zur eigenen Familie und zu einer sozialen Gruppe bzw. die Fürsorge für die Mitglieder dieser Gruppe, die aus der Evolutionsperspektive das Überleben sichern. Produkte, die die Bindung fördern sind z.b. bestimmte Getränke und die damit verbundene Gemütlichkeit (Kaffee, Bier), Produkte, die die Zugehörigkeit zu einer Gruppe bestärken, die Mitgliedschaft in einem Club oder Verein, persönliche Betreuung, Interesse an Privatem, schnelle und spontane Hilfe, wenn der Konsument etwas braucht, die Rückfrage, ob die Verkaufsabwicklung geklappt hat. Produkte, die in Bezug zum Fürsorge-Modul stehen, sind Kindernahrung und -kleidung, Produkte für Haustiere, Blumen, Produkte mit Umweltschutzaspekten und das Spendensystem.

Unsere Gesellschaft heute ist eine Freizeit- und Eventgesellschaft. Urlaub, Medien, Konzerte, Kino – damit identifizieren sich viele heute, viel mehr als mit ihrer Arbeit. Wichtige Prinzipien des *Stimulanz*-Systems sind die Suche nach neuen Reizen und dem Erforschen der Umwelt, die Suche nach Belohnung und Vermeidung von Langeweile, das Ausbrechen aus dem Gewohnten und das Anderssein als die Anderen (vgl. Selbstverwirklichungsprinzip bei Maslow). Das Erfüllen dieser Wünsche führt beim Individuum zu Glück. Unerwartete Belohnung und das Neue sind dabei besonders wichtig. Das Stimulanz-Motiv ist ein wichtiges Kaufmotiv. Beispiele dafür sind: Erlebnis-Gastronomie, Reisebranche, Unterhaltungsbranche, Bücher, Musik, Freizeitindustrie, Erlebniseinkauf, Einladung zu Innovationsmessen, Information über Neuheiten und Einladung zu

Events.[19] Viele Unternehmen nutzen diese positiven Emotionen für das Event-Marketing, um durch ein besonderes Ereignis, die Konsumenten emotional zu berühren. Das besondere Erlebnis soll positive Emotionen auslösen und dadurch bei einer zukünftigen spezifischen Situation zum Kauf animieren. Werbedesigner versuchen, Emotionen gezielt durch die Werbung zu aktivieren, damit die Konsumenten eine bestimmte Handlung vollziehen, nämlich das Produkt kaufen.

Mit dem Stimulanz-System ist das *Spiel*-Modul verbunden, das man beim Kauf von Produkten wie Spielwaren, technischen Geräten mit vielen Knöpfen und dem Spielen mit Geldspiel-Automaten, Lotto und Wetten bemerkt.

Das *Dominanz*-System ist darauf ausgerichtet, die eigene Macht auszuüben (s. oben) und sein Territorium zu erweitern. Sich durchsetzen, besser als die anderen sein, die Konkurrenten verdrängen, aktiv sein und die eigene Autonomie erhalten – das sind die Ziele. Der Kauf/Konsum von Statusprodukten aller Art, aber auch VIP-Events basieren auf diesem System.

Zum *Jagd-* und *Beute-Modul* gehören spielerische aber auch aggressive Elemente. Produkte, bei denen sich dieses Motiv als Kaufmotiv bemerkbar macht, sind Jagd-Sport-Geräte aber auch die Schnäppchenjagd. Eng damit zusammen hängt auch das *Rauf-Modul* das vor allem bei kleinen Jungs ausgebildet ist. Hierzu gehören v.a. Produkte in Bezug zu Wettkampf-Sportarten.

Ein weiteres Modul ist die *Sexualität*, die in vielen Formen und Produkten als Kaufmotiv erscheint, wie z.B. Kosmetik, Autos, Blumen, Geschenke, Schmuck und Produkte, die

Status und Wohlstand symbolisieren. Dominanz-, Stimulanz- und Balance-System wirken auch bei ihr mit.

Es gibt verschiedene Theorien zur *Erklärung von Emotionen*. Der biologische Ansatz geht zurück auf die Evolutionstheorie von Charles Darwin und geht davon aus, dass bestimmte Umweltereignisse bestimmte Emotionen auslösen, die spezifische Verhaltensweisen aktivieren. Ein Beispiel ist, wenn bei der Werbung für eine Zahnpaste auf den Zähnen Blitze erscheinen (was als Unwetter, bzw. Gefahr betrachtet wird), die beim Betrachter Angst auslösen und ihn dann dazu veranlassen, die Zahnpasta zu kaufen, um die Gefahr zu beseitigen und sich zu schützen. Man hat herausgefunden, dass grundlegende Emotionen – wie Freude, Überraschung, Ärger, Ekel, Furcht, Trauer und Verachtung – auf der ganzen Welt fast über die gleiche Mimik zum Ausdruck gebracht wird, sogar unabhängig vom Geschlecht, von der Erziehung, vom kulturellen Hintergrund und der ethnischen Zugehörigkeit.[20] Zudem hat man festgestellt, dass beobachtete Emotionen ansteckend wirken. Zeigt man also Menschen, die lächeln oder lachen, so wird auch das angebotene Produkt emotional aufgeladen und die Zuschauer müssen automatisch auch lächeln oder lachen.

Jedes Emotionssystem hat eine positive und eine negative Seite. Ist eine Emotion *positiv*, möchte sie immer mehr und versucht sich zu belohnen. Ist sie negativ, so versucht man diese zu vermeiden. Man hat herausgefunden, dass das Verlieren z.B. von Geld für das Gehirn doppelt so schmerzhaft ist, wie die Freude des Gewinns von 100 Euro.[21]

Die verschiedenen Emotionen und Emotionsbereiche wirken in unterschiedlichen Gehirnbereichen. Das Dominanz- und das Stimulanz-System sind die optimistischen

Motivsysteme, die eher zum Konsum aktivieren; das Balance-System ist eher eine Konsumbremse. Beide Bereiche wechseln sich bei den einzelnen Menschen immer wieder ab, stehen also oft im Gegensatz zueinander.

Es ist wichtig von Anfang an ein bestimmtes *Feeling*, ein bestimmtes *Image*, zu kreieren, mit dem man bestimmte Emotionen bei Konsumenten hervorrufen kann. Das Image ist nämlich eines der wichtigsten Erkennungsmerkmale einer erfolgreichen Marke und bringt deshalb Menschen in verschiedenen Situationen direkt in Verbindung mit deiner Marke, bzw. direkt mit deinen Produkten, Dienstleistungen, etc.

Für mein Start-up überlegte ich mir sehr genau, was für ein *Feeling* für meine Marke passend und machbar wäre. Mir war klar, dass das *Feeling* etwas mit der Natur zu tun haben muss. Ich wollte ein Mix aus Natur, Freiheit und *Action* kreieren. Ich entschied mich bewusst für diese Kombination, weil das genau die Elemente sind, nachdem eine große Gruppe von Menschen in der westlichen Gesellschaft strebt. Ich habe natürlich den Vorteil, dass ich selber ein *Action*- und Naturliebhaber bin und mich deshalb oft aktiv in der Natur aufhalte. Daraufhin begann ich viel zu filmen und zu fotografieren, habe Videos zusammengeschnitten und diese dann auf *Instagram* gepostet und in *Facebook* einen *Re-Post* gemacht. Generell habe ich in meinen Videos noch nicht so viel mit Menschen und ihren positiven Emotionen gearbeitet – das sollte ich in Zukunft aber tun.

All das, was ich gemacht habe, basierte eher auf meiner Intuition, und ich wusste nicht, dass es diese verschiedenen emotionalen Systeme gibt, mit denen man direkt den Konsumenten versucht anzusprechen. In Bezug auf meine Produkte, die Natur und *Action* mit einem positiven *Feeling* verbinden, sollte in Zukunft vor allem das Stimulanz-, Spiel- und Dominanzsystem angesprochen werden, weniger das Balance-System. In Zukunft sollte ich mein *Image* oder *Feeling* in Werbung besser präsentieren. Es muss eine spezifische Menschengruppe ansprechen und die Werbung darf nicht zu kompliziert sein. Es darf kein Raum für freie Interpretation sein; es muss eine klare Botschaft enthalten.

2.2. Kognition

Zentrale Faktoren bei der Konsumentenverhaltensforschung sind die kognitiven Prozesse. Dabei gilt die *Aufmerksamkeit* als die wichtigste Voraussetzung, sozusagen als erste Stufe. Wenn eine Werbung keine Aufmerksamkeit erregt, dann hat sie keinen weiteren Sinn. Eines der bekanntesten Modelle dazu ist das AIDA-Modell, was besagt, dass Konsumenten in der Regel bei einer Werbung vier Stufen durchlaufen müssen, um dann zum reellen Konsumenten zu werden:

- „**A**ttention (Aufmerksamkeit auf die Werbemaßnahme)
- **I**nterest (Interesse am Produkt)
- **D**esire (Wunsch, das Produkt zu kaufen)
- **A**ction (Kauf des Produkts)"[22]

Das Wichtigste nach diesem Modell ist also, dass man die Aufmerksamkeit des potentiellen Kunden weckt. Um dies zu erreichen, gibt es intensive Stimuli wie z.B. laute Töne oder leuchtende Farben, affektive Stimuli wie z.B. das „Kindchenschema" (große Augen, kleine Nase, hohe Stirn), was dazu führt, dass viele in der Werbung Babys oder Kleinkinder oder kleine Tiere nutzen. Erotische Reize lösen auch ein bestimmtes biologisch vorbestimmtes Programm aus, was aber manchmal bei Übertreibung auch zu Ablehnung führen kann oder man nicht weiß, wofür z.B. ein leicht bekleidetes Model jetzt Werbung macht. Die dritte Art von Stimuli sind inkonsistente Stimuli. Sie erzeugen aufgrund ihrer Widersprüchlichkeit in dem Betrachter einen Aha-Effekt, weil irgendetwas nicht in das gewohnte Schema passt. Neuartige, überraschende oder widersprüchliche Reize werden gezielt eingesetzt. Das kann auch durch Sprachspiele geschehen. Die Reaktion darauf ist normalerweise, dass der Betrachter diese Widersprüchlichkeit aufdecken und lösen will und dadurch nachdenkt.

Im Gegensatz zur Aufmerksamkeit gibt es aber auch Prozesse, die *automatisch* und unbewusst ablaufen, die das Verhalten beeinflussen, ohne dass man es bewusst merkt. Aus der Neuropsychologie und dem Neuromarketing[23] weiß man heute, dass diese unbewussten, meist biologischen, Abläufe einen viel größeren Einfluss auf das Konsumentenverhalten haben, als man früher angenommen hat. Man nimmt an, dass ca. 70-80% der Entscheidungen, die der Mensch fällt, unbewusst ablaufen.[24] So wird z.B. ein Label einer bestimmten Marke bei einer anderen Werbung miteingeblendet oder in Kinofilmen wurden Bilder von Produkten so kurz eingeblendet, dass der Zuschauer nichts davon bemerkte. Die Werbebotschaft lag unter der menschlichen Wahrnehmungsschwelle, d.h. ohne, dass man es bewusst wahrnimmt, kommt der Reiz trotzdem an und beeinflusst das zukünftige Verhalten. Man nennt dieses Verhalten auch *sublime Wahrnehmung* und ihr enormer Einfluss auf das Konsumentenverhalten wurde von der Psychologie und der Hirnforschung bestätigt.[25] Eine andere Möglichkeit ist auch, dass der Reiz zu kurz für eine bewusste Wahrnehmung ist. Man hat in Studien herausgefunden, dass auch diese kurzen Reize das Verhalten beeinflussen können.

Ganz am Anfang machte ich den Fehler, in meinen Videos zu wenig oder gar nicht die Produkte zu zeigen, d.h. ich glaube, dass ich ein gutes *Feeling* geschaffen habe, aber die Verbindung zum Produkt gefehlt hat. Ich versuchte zu vermeiden, die Videos zu sehr nach Werbung aussehen zu lassen. Dieser Gedanke ist zwar richtig, aber wie wir im oberen Abschnitt gerade gesehen haben, ist „versteckte" Werbung sehr wichtig, damit der Konsument unbewusst eine Verbindung zwischen Produkt und *Feeling* macht.

Bei der Wahrnehmung muss man auch wissen, dass jeder Mensch *selektiv wahrnimmt*, weil bestimmte Reize vielleicht im Moment nicht wichtig sind. Das hängt sehr von persönlichen Faktoren ab. Außerdem ist es so, dass man sich an bestimmte Reize gewöhnt und diese nicht mehr beachtet (*Adaption*), und nur wenn wieder ein neuer Reiz kommt, wird er wahrgenommen. Wie schnell diese Adaption abläuft, ist von bestimmten Faktoren abhängig.

„Man gewöhnt sich schneller an Reize,
- die weniger intensiv sind (z.B. dezente Farben),
- mit denen man sich länger beschäftigen musste, bevor man sie weiterverarbeitet,
- die einfach gestaltet sind und sich leicht unterscheiden lassen,
- die man schon häufiger gesehen hat und
- die für einen persönlich weniger relevant sind."[26]

Man nennt das auch Abnutzungseffekt, oder „Wear-out-Effekt"[27].

Wenn du also deinen ersten Werbespot drehst oder Fotos für dein Projekt machst, achte immer darauf, dass du keinen

Overload an Informationen gibst, oder keine allzu großen Wiederholungen in deine Videos schneidest. Diesen sogenannten *Wear-out-Effekt* berücksichtigen viele Anfänger nicht und wundern sich dann, dass z.B. die Interaktionen auf Instagram sinken, obwohl sie so viel Arbeit in den *Post* hineingesteckt haben. Dies ist gefährlich, denn es kann dich zu falschen Schlussfolgerungen leiten und schlussendlich zu falschen Entscheidungen, denn die Idee deines Posts war vielleicht gut, aber eben zu überladen.

Deine Videos und Fotos dürfen nicht immer nach dem gleichen Schema ablaufen, andererseits sollte auch ein Wiedererkennungseffekt da sein. Ein Mix von beidem wäre also perfekt. Auf jeden Fall ist es wichtig, eine Art Aha-Effekt in deinen Posts zu erzeugen.

Farben und Formen spielen übrigens im Thema Wiedererkennungsmerkmal auch eine große Rolle. Hast du schon mal eine rote Wand gesehen und an *Coca-Cola* gedacht, obwohl es keine *Coca-Cola* Werbung war? Damit will ich sagen, dass eine Marke oft zu einer Farbe gehört und damit assoziiert wird. Das Rot von *Coca-Cola* ist auf der ganzen Welt bekannt und auch deren Flaschenform.

Ich persönlich benutze für mein ökobewusstes Start-Up *Addicted To Nature* immer einen bestimmten Grünton. Dieser soll ein kleines Wiedererkennungsmerkmal sein, das unbewusst im Gehirn des Konsumenten abgespeichert wird. Ich habe darauf geachtet, dass dieser Grünton im Logo zu sehen ist. Mittlerweile habe ich diesen bestimmten Grünton in das Layout meiner Webseite (https://addicted-to.com) eingebaut.

Bei der visuellen Wahrnehmung sind auch Erkenntnisse aus der Gestaltpsychologie wichtig, z.B. gilt, dass man bestimmte Objekte immer *ganzheitlich betrachtet,* man schließt auch die Struktur ein, und sieht nicht nur die Einzelteile, d.h. das Ganze ist mehr als die Summe seiner Teile (nach Aristoteles) (vgl. Abb. 3). Die Gestaltpsychologie hat erforscht, dass es bestimmte Prinzipien gibt, die die Wahrnehmung leiten und nach der man Elemente und Figuren ordnet: 1. das Prinzip der Geschlossenheit, 2. das Prinzip der Ähnlichkeit, 3. das Prinzip der Nähe und 4. das Prinzip von Figur und Grund.

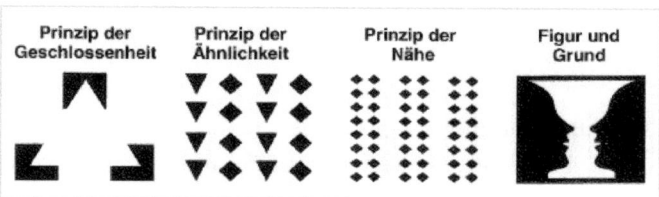

Abbildung 3: Grundprinzipien der Gestaltpsychologie[28]

Diese sind wichtig bei der Gestaltung von Werbeanzeigen, Logos, Webseiten, Flyer etc. Aus der Psychologie gibt es auch Erkenntnisse, dass das Konsumentenverhalten nach einem bestimmten Reiz-Reaktions-Schema erlernt bzw. konditioniert werden kann und in Automatismen übergeht. Bei den behavioristischen Lerntheorien gibt es das Prinzip der klassischen Konditionierung und die der operanten Konditionierung. Bei der *klassischen Konditionierung* nach Pawlow (Experiment mit Futternapf und Glöckchen) wird ein neutraler Reiz durch ständige Wiederholung mit einem anderen Reiz zusammengebracht. Dabei ist die räumliche und zeitliche Nähe wichtig. Auf diese Weise lassen sich Marken emotional aufladen.

Die *operante Konditionierung* nach Skinner besagt, dass bestimmte Verhaltensweisen, wenn sie belohnt werden (*positive Verstärkung*), eher wiederholt werden. Ähnlich beschreibt dies auch Cialdini und nennt dieses Phänomen „Reciprocation"[29].

Diesbezüglich habe ich in der Vergangenheit versucht, einem Käufer, der ein teures Produkt bei mir gekauft hatte, ein kleineres Produkt gleichzeitig mitzugeben, bzw. zu schenken. Genau dieser Kunde kaufte einige Monate später nochmals ein Produkt bei mir. Dasselbe passierte mir oft im Onlinehandel, wenn ich zu einer großen Bestellung noch ein kleines Geschenk hinzugefügt habe.

Kognitive Lerntheorien gehen davon aus, dass der Mensch selbst denkt und Probleme löst und nicht nur über das Stimulus-Respons-Prinzip lernt, sondern auch durch Imitation, d.h. *Lernen am Modell*. Der Mensch muss dabei nicht selbst die Erfahrung machen, er kann auch durch die Beobachtung bei anderen Menschen speichern und diese dann als Wissen später wieder abrufen.

Ein Tipp zum Thema *Lernen am Modell*: bevor du einen Werbespot drehst, schaue dir gezielt Werbungen und den Vertrieb von erfolgreichen Firmen an und analysiere deren konkrete Werbe- und Marketingstrategien.

Im Kontext des Marketings heißt das Lernen am Modell aber auch, dass man sog. Referenzkunden oder *VIPs* nimmt, die das Produkt bereits gekauft und genutzt haben und darüber positiv berichtet.

Das habe ich schon einmal ausprobiert und es funktioniert sehr gut. Ein Freund meines Vaters ist ein berühmter Eisschwimmer (Christof Wandratsch) und ist in Deutschland sehr bekannt. Auf seinem *Instagram*-Account hat er auch schon Fotos mit unseren Produkten gepostet, so dass mein Start-Up *Addicted To Nature* als Label bekannter wurde. Das Potential dieser *VIPs* muss ich in Zukunft noch besser nutzen. Zudem habe ich einen guten Freund, der *Model* ist und für *Dolce&Gabbana* läuft. Ich habe ihn damals während des *Covid-19-Lockdowns* (dem Ersten in Italien im April 2020) angeschrieben und gefragt, ob er nicht ein paar Fotos mit unseren Stoffmasken machen könnte und er hat sofort Ja gesagt. Er hat ein paar Posts in die Stories getan und schon hatte ich mehr Aufrufe auf der Seite und ein paar Online-Bestellungen mehr.

Man kann zudem ganz einfach feststellen, ob sich ein bestimmter *VIP* oder *Influencer* lohnt, indem man ihnen einen individuellen (z.B.) 10% Coupon-Code gibt. Dadurch siehst du, wie viele Verkäufe mit diesem Coupon-Code getätigt wurden oder ob überhaupt welche getätigt wurden.

Einen gesunden Mix zwischen *VIPs* und „normalen" Personen finde ich gut und hat sich bei mir als erfolgreich erwiesen.

Für das Konsumentenverhalten ist auch das Wissen über Produkte, aber auch das generelle Wissen eines Individuums wichtig. In Bezug auf das Wissen im Gedächtnis hat man lange Zeit ein *Drei-Speicher-Modell* zu Hilfe genommen, nach dem das Gedächtnis in Ultrakurzzeitgedächtnis, in Kurzzeitgedächtnis und in Langzeitgedächtnis unterteilt ist. Vi-

suelle und akustische Eindrücke müssen länger als eine Sekunde sein, damit sie nicht im Ultrakurzzeitgedächtnis hängen bleiben und weiterverarbeitet werden können, d.h. Aufmerksamkeit erlangen. Aber auch die Kapazität des Kurzzeitgedächtnisses ist limitiert; man weiß, dass dort nur ca. sieben Informationseinheiten gleichzeitig memorisiert werden können. Aus diesem Grund empfiehlt man das *Chunking*, d.h. das Bündeln und Gruppieren von Informationen. Die Kapazität des Langzeitgedächtnisses ist eigentlich unbegrenzt und gespeicherte Informationen können in der Regel lange Zeit abgerufen werden.

Darauf habe ich in der Vergangenheit überhaupt nicht geachtet. Meine Werbung bestand auch fast immer nur aus Musik und Video. Gemerkt habe ich, dass Videos in denen ich *vlogge*, viel mehr Interaktionen und Aufrufe bekommen als Videos mit nur Produkten, da der Konsument in den meisten Fällen keine direkte Werbung mag. In *Vlogs* und anderen Arten von indirekten Werbungen, in denen man über etwas ganz anderes als seine eigenen Produkte spricht, findet sich der Konsument automatisch verbunden und wird dadurch ein Fan von dir und deiner Marke. Zudem sind *Vlogs* auch beliebt, weil der Konsument einen persönlichen Nutzen daraus ziehen kann (interessante Themen, Tipps, etc.). Der Konsument wird dann viel wahrscheinlicher ein Produkt kaufen, als wenn du ihn direkt mit Werbung zuspammst. Trotzdem sind in meinen *Vlogs* indirekt meine Produkte zu sehen und werden somit im Langzeitgedächtnis des Konsumenten abgespeichert. Ich mache dies z.B. immer bei Videos, in denen ich ein Abenteuer in der Natur erlebe. Darin rede ich nie über das Produkt. Das Abenteuer in dem

Video oder die schönen Naturaufnahmen sollen im Zentrum stehen, und die Marke soll damit assoziiert werden. Nachdem der Konsument das Video toll fand, wird automatisch auch eine positive Verbindung zur Marke erstellt. Zudem denkt sich der Konsument „denen geht's nicht nur ums Verkaufen". Heutzutage probieren dies immer mehr Marken aus, weil sie verstanden haben, dass eine Marke für viel mehr als nur ein Produkt stehen kann. Nehmen wir das Beispiel *Patagonia*. Diese Marke hat sich nicht nur zu der Klimakrise geäußert, sondern auch politisch gegen Donald Trump.[30] Mit dieser Positionierung zieht man stärker Konsumenten an, die für diese Ideale stehen und verscheucht aber Konsumenten, die sich nicht mit diesen Idealen assoziieren können. Die Konsumenten die man wegscheucht, waren wahrscheinlich sowieso nicht stank an der Marke gebunden, wenn sie hinter dessen Idealen schon vorher nicht stehen konnten. *Patagonia* stellt hauptsächlich Kleidung für Wanderer, Extremsportler und weiteren Outdoor-Liebhabern her. Deshalb war schon vorher klar, dass sich die Marke eher der Natur verbunden fühlt. Meiner Meinung nach ist es wichtig, dass eine Marke sich positioniert und ihre Überzeugung zeigt.

Als ich in der Anfangsphase meines Start-Ups Fotos auf den *Socials* postete, habe ich oft versucht, den Wiederholungseffekt zu benutzen, damit sich meine Produkte bei den Konsumenten auch einprägen. Ich habe immer 3 *Posts* in einer bestimmten Zeitspanne mit demselben Produkt gemacht, weil ich nämlich der Meinung bin, dass eine Info (in diesem Fall Foto/Produkt) schnell im Gehirn in das Kurzzeitgedächtnis gelangt und diese dann durch eine Wiederholung gespeichert wird, also ins Langzeitgedächtnis gelangt. Dieses „3-Post-Schema" sehe ich auch immer öfters auf den Socials bei anderen Marken und finde, dass dies bei falscher Anwendung zu einem sogenannten „Wear-out-Effekt" führen kann. Es muss ein gesundes Gleichgewicht bestehen bleiben. Deshalb poste ich mittlerweile nicht mehr dasselbe Produkt 3 Mal hintereinander, sondern füge immer ein Post dazwischen ein, das weniger mit dem Produkt, aber mehr mit der Marke und dessen Feeling (in meinem Fall eine Wanderung, Cleanup, etc…) zu tun hat.

Beim Gedächtnis unterscheidet man auch das deklaratorische und das prozedurale Gedächtnis. Beim *deklaratorischen Gedächtnis* unterscheidet man das eher abstrakte Wissen über Fakten und das episodische Gedächtnis, das persönliche Erfahrungen umfasst. Aus der Evolutionstheorie weiß man, dass der Mensch sich Geschichten besser als abstrakte Fakten merken kann. Aus diesem Grund gibt es derzeit in der Marketingpraxis einen Trend zum *Storytelling*; Marken werden mit Geschichten verbunden und aufgeladen. Das *prozedurale Gedächtnis* beinhaltet Fertigkeiten, die eher automatisch und ohne Nachdenken ablaufen. Dazu gehören v.a. motorische Abläufe wie das Radfahren oder das Wischen über das Smartphone.

Das *Storytelling* ist eins meiner beliebtesten Marketing Tools, womit ich meine Marke emotional aufladen kann. Das Gute dabei ist, dass *Storytelling* im Grunde genommen nichts anderes als ein Werbespot ist, der bei Konsumenten nicht als Werbung empfunden wird. Das Paradoxe an der ganzen Sache ist, dass das Produkt, das du verkaufen möchtest, nicht einmal im Werbespot vorkommen muss. Deine Zielgruppe wird den Werbespot sehen und sich direkt mit deinem *Brand* verbunden fühlen.

Ein Beispiel: Jedes Jahr veranstaltet *Addicted To Nature* ein Eisschwimm-Event im Erzgebirge, Deutschland. Vor und nach dem Event posten wir noch ein paar Videos des Events und sprechen somit alle Eisschwimmer an. Ein paar Tage später bekommen wir Bestellungen rein und rate mal von wem? Genau. Von Eisschwimmern. Und das, obwohl unsere Produkte in den Videos und Posts gar nicht vorkommen. Wichtig ist natürlich, dass man irgendwie sieht, dass die Posts von dir kommen. Bei den Videos schneide ich z.B. immer das Logo unten rechts rein.

Ein Tipp noch: Wenn du auf einem deiner Kanäle weniger Follower hast, dann kannst du das *Storytelling* in diesem Aspekt zu deinen Gunsten ausnutzen. Beispiel: Falls du eine große *Community* auf *Facebook* aufgebaut hast, aber auf *Youtube* kaum *Followers* hast, kannst du die Werbestory nur zur Hälfte auf *Facebook* posten und dann einen Link für das komplette Video daruntersetzen. Damit sind deine *Facebook-Fans* bei Interesse „gezwungen", das Video auf deinem *Youtube-Kanal* fertig zu schauen. Und vielleicht abonnieren sie sogar deinen Kanal.

Heute geht man auch davon aus, dass Wissen im Gedächtnis über Assoziationen und Netze und nicht als isolierte Informationseinheiten gespeichert wird. Wenn man also eine bestimmte Information abruft, wird meist eine andere, mit ihr verknüpfte Information auch abgerufen.

Wie ich oben schon geschrieben habe, wollte ich für *Addicted To Nature* ein Netz kreieren, das eine Mischung aus Natur, Freiheit und *Action* war, in Verbindung mit einem positiven Bewusstsein für den Schutz der Natur. Ich wollte aber nicht nur bei diesen drei Assoziationen bleiben. In Zukunft sollten vielleicht auch noch andere Assoziationen, die mit diesen drei verbunden werden können, dazu kommen. Was ich dafür machen sollte, wäre eine Art *Assoziogramm*, in dessen Mitte „Natur", „Freiheit" und „*Action*" stehen. Ich könnte dafür auch Freunde befragen, was sie mit diesen drei Wörtern assoziieren, so dass ich nicht nur meine eigenen Gedanken einfüge. Austausch mit Freunden um ein Feedback zu erhalten, ist wirklich wichtig, da man so auch eine Außenperspektive hat.

Wissen wird auch über *Schemata* abgespeichert und abgerufen, d.h. neue Objekte werden aufgrund ihres Schemas kategorisiert und bestimmte Assoziationen werden dementsprechend abgerufen. Denkt man an ein Smartphone so hat man eher einen vertikalen Bildschirm im Kopf, bei einem Tablet einen horizontalen und aktiviert dann dementsprechend dazugehörige Eigenschaften. Sieht man z.B. dann ein neues Objekt, das einen horizontalen Bildschirm hat, würde man es eher als Tablet kategorisieren.

Bestimmte Formen (in meinem Fall Seifen, Tees, Honig, Ponchos und Co.) kann man in abstrakter Form irgendwie graphisch in Fotos oder Filmen miteinbauen. Ein gutes Beispiel finde ich das Poster von *Cantine Pellegrino* aus dem Jahr 2020. (vgl. Abb. 4)[31]

Abbildung 4: Cantine Pellegrino Werbeposter[32]

2.3. Einstellung

In der Konsumentenverhaltensforschung geht man davon aus, dass die Einstellung eines Individuums einen großen Einfluss auf sein Verhalten als Konsument hat. „Einstellungen sind wertend, objektbezogen, gelernt und relativ dauerhaft."[33] Wichtig dabei sind insbesondere die kognitive und die affektive Komponente, denn nur wenn man rational eine positive Einstellung zu einem Objekt hat und gleichzeitig noch eine positive Emotion damit verbindet, kann diese Einstellung zu einer Handlungsabsicht führen. Man hat aber festgestellt, dass trotz der Relation das Verhalten nicht voraussagbar ist. Dies ist immer noch ein Problem für die Marketingforschung.

Oft ist es so, dass sich jemand positiv gegenüber dem Umweltschutz äußert, aber sehr allgemein („Ich bin für Umweltschutz"), und dann in der konkreten Situation sich nicht umweltbewusst verhält. Wenn die Aussagen jedoch konkreter sind („Ich finde es gut, mit dem Fahrrad zur Arbeit zu fahren und so etwas für die Umwelt zu tun"), dann ist es auch wahrscheinlicher, dass er sich tatsächlich ökobewusst verhält. Die Verhaltensabsicht ist also umso wahrscheinlicher, je konkreter die Einstellung.

Einstellungen sind bei einem Menschen relativ stabil. Es ist schwer, sie zu ändern. Die Wahrscheinlichkeit ist umso größer, wenn die Motivation (s. oben) vorhanden ist und wenn das Individuum überhaupt fähig ist, eine *Message* aufzunehmen und dadurch das Verhalten zu ändern. Viele Menschen sind sich ihrer Einstellung aber auch gar nicht bewusst und das Verhalten läuft deshalb eher automatisiert und nicht willentlich kontrollierbar ab, und kann gar nicht bewusst genannt werden.

Ich habe in der Vergangenheit beobachtet, dass die meisten Menschen in verschiedenen Momenten ökobewusst handeln, z.B. wenn sie eines meiner Produkte gekauft haben und auch zeigen, dass sie sich dafür interessieren, aber dann werfen sie fünf Minuten später ihre Zigarettenkippe auf den Rasen; ich nenne sie die *„Feign-Protectors"*. Das zeigt einfach, dass dieser Typ von Mensch ein ökologisches Produkt kauft, um den anderen zu zeigen, wie ökologisch er/sie ist, um schlussendlich sein eigenes Ego zu befriedigen, indem er „eine gute Tat" nur vorgibt. Ein kleinerer Teil der Menschen, denen ich begegnet bin, erliegen fast voll und ganz dem Öko-Trend, ich nenne sie *„Öko-Freaks"*, denn sie interessieren sich wirklich für die Umwelt. Dann gibt es noch diejenigen, denen die Umwelt vollkommen egal ist und dies auch mehr oder weniger zeigen; diese nenne ich *„Freeloaders"*. *Feign-Protectors* und *Freeloaders* sind beide nicht wirklich ökobewusste Menschen, aber für den Konsum meiner Produkte spielt der *Feign-Protector* eine wichtige Rolle, denn im Gegensatz zum *Freeloader*, kauft der *Feign-Protector* meine Produkte. Der Öko-*Freak* könnte eigentlich der für mich wichtigste Konsument sein, da er langfristig an meinen Produkten interessiert sein könnte.

2.4. Entscheidung

Ein *Entscheidungsprozess* läuft normalerweise in zwei Phasen ab. Der Konsument hat mindestens zwei Optionen, bildet sich dazu eine Meinung, vergleicht, wägt ab, bewertet und wählt danach eine Option aus. Falls ihm jedoch nichts zum Kauf überzeugt, sucht er weiter. Externen Einfluss auf diesen Prozess haben natürlich die Optionen selbst und die Konsequenz einer entsprechenden Wahl einer Option, sowie die konkreten, momentanen Ereignisse. Interne Einflusskomponenten auf den Entscheidungsprozess sind das Ziel und die Gründe. Normalerweise erkennt der Konsument ein Bedürfnis, wenn der Istzustand vom Idealzustand abweicht. Der nächste Schritt ist die Informationsrecherche, wobei Wissen und Erinnerungen abgerufen oder/und extern, z.B. im Internet, recherchiert werden. In der dritten Stufe werden die Möglichkeiten bewertet und danach erfolgt die Kaufentscheidung und auch der Kaufkanal (z.B. in einem Geschäft oder online).

Möchte man ein Produkt „an den Mann (oder die Frau) bringen", ist es wichtig, die Konsumentenentscheidung entsprechend zu beeinflussen. Neben der vom Konsumenten bewusst wahrgenommenen Einflussnahme z.B. über Werbeflyer, Radiospots, TV-Werbung, gibt es auch *unbewusste Entscheidungsbeeinflussungen*. Wie bereits oben erwähnt, ist man heute davon überzeugt, dass 70-80% der Entscheidungen unbewusst ablaufen.[34] Man spricht diesbezüglich auch von *Priming* und *Nuging*.[35] Der Begriff *Priming* bezeichnet in der Psychologie „die Beeinflussung der Verarbeitung eines Reizes dadurch, dass ein vorangegangener Reiz implizite

Gedächtnisinhalte aktiviert hat."[36] Beim *Nudging* werden bestimmte Verhaltensweisen angeschubst (engl. *to nudge*), die Entscheidung des Konsumenten in eine bestimmte Richtung gesteuert, ohne dass es der Konsument merkt. Z.B. möchte ein Supermarkt bestimmte Produkte verkaufen, so setzt man diese in Augenhöhe oder um den Konsum von Zigaretten zu senken, werden Warnhinweise und Fotos von kranken Lungen auf die Packung gesetzt.

Es gibt aber auch „von Seiten des Gehirns" drei Gründe, warum bestimmte Prozesse nicht bewusst ablaufen:

1. Die Reaktionen laufen schneller ab, wenn sie ohne Bewusstsein, direkt über das Motiv- und Emotionsprogramm in Handlung umgesetzt wird
2. Bewusste Prozesse kosten mehr Energie
3. Im Bewusstsein sind die emotionalen und motivationalen Erfahrungen gespeichert, die sich als bewährt herausgestellt haben.

Eine Konsequenz ist, dass man das Marketing so gestalten sollte, dass es für den Konsumenten einfach und deshalb immediat ist.

Der Entscheidungsprozess hängt aber heutzutage nicht mehr nur von dem Willen des Konsumenten ab, denn der Weg von der Entscheidung zum Kauf muss so einfach wie möglich ablaufen. Es bringt nichts das beste Marketing auf den Sozialen Medien zu haben, aber den kompliziertesten „Checkout" der Dienstleistung. Das Produkt muss so einfach wie möglich kaufbar sein. Auf vielen Webseiten bei denen ich einmal ein Produkt kaufen wollte, musste ich mich durch

5 oder 6 Seiten *Checkout* klicken, bis der Auftrag endlich durchging. Manchmal habe ich schon mitten drin abgebrochen, weil mir die Lust vergangen ist (und ich bin bestimmt nicht der einzige der so handelt). *Amazon* ist ein gutes Beispiel für eine Marke, die genau diesen Prozess verstanden hat. Der Weg vom Warenkorb zur Bestellung passiert so schnell und effektiv.

Ich hatte anfangs immer Probleme auf meiner Webseite, vor allem beim *Checkout*. Dies war auch einer der Gründe, weswegen viele Kunden auf meiner Webseite nicht kaufen wollten, bzw. kaufen konnten. Ich habe seitdem auf meiner Webseite gerade der *Checkout-Seite* Priorität gegeben; denn wenn diese nicht funktioniert, ist ein Onlineshop praktisch unnötig und wertlos. Der größte Teil der Kunden wird nämlich nicht warten, bis das Problem behoben ist; sie gehen dann einfach zu deinem Konkurrenten.

2.5. Interindividuelle Unterschiede

Zwischen den Konsumenten bestehen natürlich auch verschiedene interindividuelle Unterschiede. Konsumenten können auch aufgrund ihres Alters, ihres Geschlechtes und ihres sozialen Status (Bildungsstand, Beruf, Gehalt, soziale Lage) unterschieden werden. Aber auch Lebensstil, Wertorientierung und interkulturelle Unterschiede der Konsumenten sind zu beachten.

2.5.1. Konsumententypen

Häusel hat die Konsumenten in acht Typen eingeteilt:[37]

1. Der/die Traditionalist(in)
2. Der/die Harmoniser(in)
3. Der/die Offene(in)
4. Der/die Hedonist(in)
5. Der/die Abenteurer(in)
6. Der/die Performer(in)
7. Der/die Disziplinierte(in)
8. Der/die Gleichgültige

Im Folgenden werden die verschiedenen Typen stichwortartig beschrieben:

1. Der/die Traditionalist(in)
- rechte Pessimistische Gehirnhälfte ist aktiver
- prüft alles sehr genau und beschäftigt sich sehr lange mit Details

- *Balance-System*, ist deshalb etwas ängstlicher, vorsichtiger und Neuem gegenüber nicht sehr aufgeschlossen
- Sicherheit, Vertrauen und Qualität sind bei der Kaufentscheidung wichtig
- ist „der Stammkunde"; bleibt einem Unternehmen lange treu
- richtet sich dem Massengeschmack; will nicht auffallen; Marken geben ihm Sicherheit
- versucht zu sparen
- regionale Produkte aus seiner Heimat kauft er öfters
- der Typ der öfters zum Arzt geht

2. Der/die Harmoniser(in)

- rechte Gehirnhälfte ist aktiver
- *Balance-System*, er ist etwas ängstlicher, vorsichtiger und aber Neuem gegenüber mehr aufgeschlossen
- Bindung und Führsorge sind wichtig
- Sozialhormon und Kuschelhormon (Oxytocin)
- Geborgenheit und Harmonie in der Familie
- Produkte die im Garten, Heim, Herd und Haustiere sind besonders wichtig
- genießen (mehr bei ihr) ist besonders wichtig

3. Der/die Offene

- beide Gehirnhälften sind gleich aktiv
- offene und bejahende Lebensführung
- liebt Produkte die einen hohen Genusswert versprechen, die Fantasie anregt und zum Träumen verführt

- achtet auch auf Qualität und natürliche Rohstoffe
- liebt shoppen
- kontaktfreudig und besucht deshalb kulturelle Ereignisse und Events
- Preis ist nicht so wichtig
- Herkunft des Produktes spielt eine große Rolle
- Wellnessprodukte & Co.

4. Der/die Hedonist(in)

- linke Gehirnhälfte ist aktiver
- in der Suche nach neuem und nach der nächsten Belohnung
- das Laute, das Schrille, das Extravagante und das Individualistische ist für ihn wichtig
- Qualität und Herkommen spielen geringere Rolle, Hauptsache es ist neu und anders
- *„Early Adopter"* (Impulskäufer, kauft auch wenn er das Produkt nicht unbedingt braucht)
- Mode und Kosmetikprodukte sind sehr wichtig

5. Der/die Abenteuer(in)

- linke Gehirnhälfte besonders aktiv
- er versucht sich durchzusetzen, sich selbst beweisen und trotzdem etwas dabei zu erleben – das ist seine Welt
- Mehrleistung und Spaß ist wichtig, Qualität weniger
- braucht keine Beratung, was er wissen will hat er schon längst im Internet recherchiert
- keinerlei Risikobewusstsein; Snowboard fahren, Freeclimbing...

- Produkte die er kauft müssen befreien; *Red Bull*, alkoholische Getränke
- Rabattaktionen liebt er

6. *Der/die Performer(in)*
- linke Hälfte aktiver
- Produkte, die für Cleverness stehen sind relevant und die hohen Status versprechen

7. *Der/die Disziplinierte*
- dominiert rechte pessimistischere Hälfte
- ist misstrauisch, sucht keine Abwechslung, Genuss hat kleinere Rolle
- kauft nur das, war er wirklich braucht
- setzt auf Qualität und Garantie
- vergleicht Preise, braucht lange für eine Kaufentscheidung
- sparsam

8. *Der/die Gleichgültige*
- sind nicht ängstlich, nicht neugierig und suchen auch keinen Status
- Typ fällt nicht auf; kauft die Massenprodukte ohne Anspruch auf Qualität oder Innovation

Es ist ein offensichtlicher Vorteil, seinen eigenen Kundenkreis in Konsumententypen einzuteilen, um zu wissen, welche Konsumententypen man ansprechen sollte und welche nicht.

In meinem Fall (in Bezug auf meine ökologischen Produkte) sind es meistens die Offenen, die Hedonisten, die Abenteurer und die Performer, die ich ansprechen sollte, da diese auf natürliche Rohstoffe setzen, Neues bejahen und Produkte als Statussymbole einsetzen.

Es ist aber im wahren Leben ziemlich schwierig, Konsumenten so einzuteilen. Ich glaube, dass dies mit der Zeit und mit der Erfahrung kommt und dass man mit der Zeit ein Gespür dafür entwickelt.

Persönlich versuche ich, interessante Menschen, die ich treffe, im Kopf zu analysieren; Wieso handeln sie so? Was sind seine/ihre Ziele? Was treibt ihn/sie an? Wovor hat er/sie Angst? Welche Prinzipien hat er/sie? Etc… Wenn man Antworten auf solche Fragen findet, kann man eventuell herausfinden, was für ein Typ Mensch er/sie ist und dadurch wissen, wofür er/sie sich interessiert. Ergo: Welche Produkte/Dienstleistunden sein/ihr Leben vereinfachen würden.

2.5.2. Das Alter

Konsumstile und Konsumgewohnheiten sind bei den verschiedenen Altersgruppen unterschiedlich, d.h. sie verändern sich bei den einzelnen Menschen im Laufe des Lebens.

Beim Alter ist zu beachten, dass durch den demografischen Wandel ältere Menschen eine höhere Kaufkraft haben und sich subjektiv oft gar nicht so alt fühlen und jünger wirken möchten. In unserer westlichen Gesellschaft ist es wichtig, jung zu sein oder zumindest jung zu wirken. Auf der anderen Seite sind sie zu oft nicht so einfach über die Sozialen Medien, z.B. YouTube-Channel, zu erreichen. Wer erfolgreich im Marketing sein will, muss auch das Konsumentenverhalten bei verschiedenen Altersgruppen beachten.

Bei *8-12 Jährigen* ist das Stimulanz-System besonders ausgeprägt, Lernen und Spielen sind wichtige Motive[38]. Nachahmen ist beim Lernen das bevorzugte Modell und hier spielen vor allem Idole und Vorbilder im sozialen Umfeld (Peer-Groups) eine große Rolle. Jugendliche sind aufgrund des Fehlens von Lebenserfahrung und differenzierter Vorstellung der Welt eher bereit, spontan zu kaufen. Alles sollte sofort passieren. Das Gehirn ist in dieser Zeit wie ein Schwamm. Werbung und Markenbotschaften fallen deshalb auf besonders fruchtbaren Boden und viele Firmen versuchen, diese Konsumenten anzusprechen, um eine lebenslange Bindung zu erreichen.

Die *14-20-Jährigen* sind inmitten der Pubertät und sind sehr impulsiv, wanken in ihren Gefühlen, sind oft unsicher und schwanken generell zwischen Balance- und Stimulanz- und Dominanzsystem und haben eine geringere Risiko- und Selbstkontrolle. Für Jungen sind vor allem Produkte wie

Zigaretten, Alkohol, Autos, aber auch Computer oder andere Unterhaltungselektronik wichtig; für Mädchen sind es eher exklusive Mode- und Kosmetikprodukte. Der Wunsch nach Schönheit bei Mädchen und Überlegenheit bei Jungen wird oft auf VIPs bzw. Stars übertragen. Wie auch schon bei Kindern, versuchen bestimmte Firmen Jugendliche mit bestimmten Labels anzusprechen. Für Jugendliche ist die Marke auch deshalb wichtig, weil sie als Zeichen der Zugehörigkeit zu einer Gruppe gelten und sie sich dadurch nach außen abgrenzen. Die Marketing-Forschung interessiert sich deshalb besonders für die Trends in Peer-Gruppen.[39]

20-30-Jährige ist im Vergleich zum Gesamtdurchschnitt das Dominanz- und Stimulanz-System besonders hoch und das Balance-System niedriger. Der Anteil der Hedonisten, die das Neue wollen, der Abenteurer und der Performer ist im Vergleich zum Bevölkerungsdurschnitt höher. Junge Menschen in diesem Alter beginnen Zukunftspläne zu machen, das spontane Kaufen nimmt ab, sie fangen an Geld zu verdienen, sie suchen nach einem Partner und deshalb muss Attraktivität und die Dominanz erhöht werden. Die Leistungsfähigkeit ist besonders hoch. Dies sind laut Häusel ideale Voraussetzungen für den Konsum.[40]

In die Zeitspanne der *30-40-Jährigen* fällt in der Regel die Familienplanung, was das Konsumverhalten deutlich verändert. Bei Frauen ist die Fürsorge die treibende Kraft des Konsumverhaltens. Bei Männern und Frauen sind Produkte für die Familie und das Kind wichtig. Der Anteil der *Harmoniser* steigt in dieser Altersgruppe.[41]

Bei der Generation *50 Plus* nehmen das Dominanz- und das Stimulanz-System weiter ab, und das Balance-System gewinnt an Bedeutung. Es gibt immer noch Abenteurer und

49

Hedonisten, aber sie nehmen ab, und die Konservativen nehmen zu. Offene Menschen gibt es auch noch, aber ihre Risikobereitschaft nimmt ab. Neuheiten, Modeerscheinungen verlieren an Bedeutung und der Status-Konsum ist nicht mehr so wichtig. Qualität wird wichtiger. Produkte im Bereich der Gesundheit, gerade zur Vorbeugung werden wichtig. Wellness und pflegende Cremes werden häufiger gekauft.

Bei der *Generation über Sechzig* sind die wichtigsten Motive: Sicherheit und Gesundheit. Wie bereits erwähnt hat diese Generation in unserer westlichen Welt eine sehr große Kaufkraft, da ihr Anteil immer größer wird und sie über das größte frei verfügbare Einkommen verfügen.[42] In Bezug auf das Gehirn muss man aber auch wissen, dass die Verarbeitungskapazität im Gehirn abnimmt, die Schnelligkeit im Denken nimmt ab, was aber durch Sport und Gehirntraining einigermaßen kompensiert werden kann. Bei dieser Altersgruppe haben wir es vor allem mit *Harmonisern,* Traditionalisten und Disziplinierten zu tun, auch wenn es trotzdem noch Abenteurer und Neugierige gibt. Die Angst nimmt aber generell zu. In Bezug auf das Konsumentenverhalten kann man aber auch noch sagen, dass ältere Menschen in der Regel sehr sparsam sind, weniger risikobereit und auch das Interessensspektrum wird kleiner. Komfort, sich Wohlfühlen, umsorgt werden und Qualität sind wichtig. Deshalb sind in diesem Alter Kreuzfahrten und organisierte Reisen mit Komfort sehr attraktiv. Die Beratung spielt in diesem Alter eine große Rolle und ältere Menschen brauchen mehr Zeit bei Kaufentscheidungen als jüngere.

In der Anfangsphase meines Start-Ups *Addicted To Nature* war der Fokus eher auf jüngere Leute gerichtet, weil ich anfangs hauptsächlich Bambus- und Holz-Sonnenbrillen verkaufte. Mittlerweile hat sich aber mein Repertoire an umweltfreundlichen Produkten unheimlich erweitert und damit auch meine Konsumenten. Das Spektrum hat sich erweitert und die meisten Kunden sind mittlerweile im Alter von 30 bis 60. So ein großes Altersspektrum zu erreichen war aber nur möglich, weil ich eine große Vielfalt an nachhaltigen Produkten anbiete, bei denen jede/jeder etwas Passendes für sich finden kann. Wenn ich jetzt nur Skateboards verkaufen würde, wäre mein Kundenkreis viel kleiner und durchschnittlich zwischen 14 und 25 Jahren alt.

Ich kann mich noch sehr genau erinnern, wie mir mein damaliger Wirtschaftslehrer bei der Präsentation meiner Maturaarbeit (die ich über mein Start-Up geschrieben habe) die Frage stellte, in welchem Altersspektrum von Konsumenten ich denn meine Produkte verkaufen würde. Ich antwortete damals „Konsumenten von 20 bis 30 Jahren". Wie ich im Nachhinein erfuhr, war dies die komplett falsche Antwort, bzw. die komplett falsche Denkweise. Nach der Präsentation kam er zu mir und meinte: „Aaron. All die, die Geld haben."

2.5.3. Geschlechtsspezifische Unterschiede

Erkenntnisse aus der Hirnforschung bestätigten, dass die biologischen Unterschiede zwischen Männern und Frauen tatsächlich existieren, vor allem im Denken und Handeln[43]. Möchte man gezieltes Marketing betreiben, muss man demnach Männer und Frauen als Konsumenten unterschiedlich behandeln. Die Hirnforschung hat herausgefunden, dass es zwischen Männern und Frauen Unterschiede in der Gehirnstruktur gibt, z.B. ist bei Männern das Dominanz- und Aggressionszentrum fast doppelt so groß wie bei Frauen, bei Frauen ist der Bereich, der für die Fürsorge zuständig ist, fast doppelt so groß wie bei Männern. Unterschiedlich ausgeprägt sind auch Geruchs- und Geschmackswahrnehmungen, aber auch die Sexualität. Das weibliche Hormon Östrogen ist bei Frauen für eine größere Toleranz und Weichheit verantwortlich.[44] In Bezug auf das Konsumverhalten konnte man feststellen, dass 85% der Geschenke von Frauen gekauft werden, die Haustiere haben oder Pferdesport treiben. Aufgrund des Fürsorgemoduls beschäftigen sich Frauen eher mit den Themen Wohnen und Einrichten und sozialen Themen. Häusel erklärt, dass Frauen eher *Web-Thinker* sind, d.h. eher vernetzt, multidimensional denken und mehrere Dinge gleichzeitig beachten können, während Männer aufgrund des Testosterons, das bei Männern für das Dominanz-System besonders verantwortlich ist, *Step-Thinker* sind, also einen Schritt nach dem anderen denken.[45] Die Konsequenz für das Marketing ist, dass die Argumente für Produkte und den Verkauf für Männer und Frauen unterschiedlich sein sollten. Bei Verkaufsgesprächen konzentrieren sich Männer eher auf das Produkt und dessen Qualität selbst, während für Frauen die Interaktion mit dem Verkäufer/der Verkäuferin wichtig sind (vgl. Abb. 5).

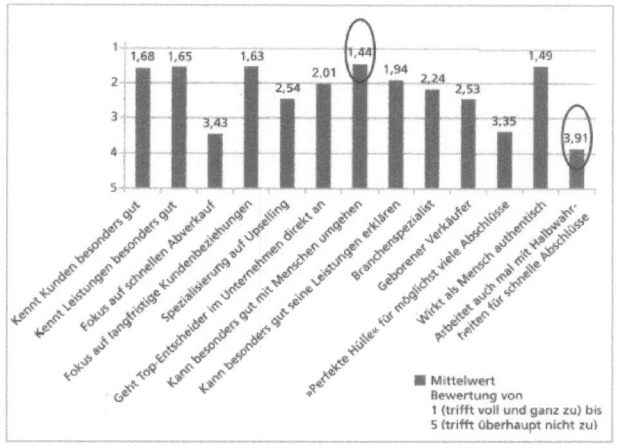

Abbildung 5: Wichtige Aspekte für einen erfolgreichen Verkäufer[46]

Auch zur Vorbereitung auf einen Kauf informieren sich Männer und Frauen unterschiedlich. Männer lesen Fachzeitschriften und Testberichte, Frauen fragen häufiger Freunde und Bekannte nach ihren persönlichen Erfahrungen. Mund-zu-Mund-Propaganda ist für sie sehr wichtig. Auch das Interesse für bestimmte Produkte ist verschieden. Männer mögen eher Produkte, mit denen sie „die Welt beherrschen" können (Autos, Technik), Frauen bevorzugen Produkte und Dinge, die die Fantasie und die Kreativität anregen, aber auch Fürsorge und Geborgenheit vermitteln. Frauen bevorzugen zudem eher weiche und runde Formen, Männer eher quadratische, geradlinige und praktische Formen, z.B. auch bei Wasserflaschen. Viele Firmen haben in den letzten Jahren gezielt Frauenkollektionen und Männerkollektionen herausgebracht (z.B. die Skikollektion von *HEAD*). Bei der Aufmerksamkeit auf Produkte hat man festgestellt, dass Frauen detaillierter „schauen" als Männer. Diese überfliegen z.b. in einem Supermarkt eher die Regale. Spuren der Evolution sind auch noch sichtbar beim Kauf von Produkten im Bereich der Kleidung und Parfüm, Produkte, die die eigene Attraktivität erhöhen sollen. Bei Männern richtet sich die Werbung eher an das Dominanzsystem. Es geht eher um Slogans, die zeigen, wie man die männliche Konkurrenz ausschalten könnte. Obwohl bei Frauen der Geruchs- und Geschmackssinn besser ausgeprägt ist, ist es das Dominanz-System der Männer, Ehrgeiz und der Wunsch nach Dominanz, nach Höchstleistung, die dafür sorgt, dass Männer oft Spitzenköche sind.

Aufgrund dieser Unterschiede ist der Anteil der Männer bei Abenteurern, Performern und Disziplinierten größer und bei Frauen der Anteil vor allem bei den *Harmonisern* größer.

Die meisten Produkte meines Shops würde ich als *unisex* bezeichnen. Nichtsdestotrotz gibt es z.b. bei den nachhaltigen Seifen oder bei dem Bio-Tee Sorten, die mehr von Frauen oder von Männern gekauft werden. Ein Produkt kann also *unisex* gedacht sein, aber trotzdem von einer Gruppe präferiert werden. Dieses Wissen sollte genutzt werden. Denn wenn von meinen 13 nachhaltigen Seifen, 80% von Frauen gekauft wird, kann ich daraus viele Sachen schließen und sollte vielleicht mehr Seifensorten anbieten, die hauptsächlich von Männern gekauft werden.

2.5.4. Lebensstile

Lebensstile beziehen sich darauf, was einer Person wichtig ist und womit sie viel Zeit verbringt. Diese hängen natürlich mit dem sozialen Status zusammen. Um sie zu konkretisieren, versucht man über den *AIO-Ansatz* mehr herauszufinden, was bedeutet, dass man versucht, Informationen zu *Activities* (Aktivitäten: Arbeit, Einkaufen ‚Freizeit, Urlaub, Sport, Mitgliedschaften), *Interests* (Interessen: Beruf, Familie, Mode, Heim, Ernährung) und *Opinions* (Meinungen: Wirtschaft, Politik, Soziales, Bildung, Zukunft) der Konsumenten herauszufinden.[47] Lebensstile scheinen heute in unserer westlichen Welt sehr wichtig zu sein und eignen sich dazu, bestimmte soziale Gruppen abzugrenzen.

Lebensstile definieren den Konsumenten. Wenn ich bestimmte Lebensstile meiner Konsumenten kenne, kann ich sie direkt ansprechen und *triggern*. Damals dachte ich immer, dass ich nicht wirklich die Lebensstile meiner Konsumenten kenne und dies stimmt auch zum Teil. Es gibt nämlich immer Kunden, bei denen man nicht versteht wieso sie sich für etwas bestimmtes entschieden haben. Man kann eben nicht alle Triebe einer Person kennen oder verstehen, weil diese oftmals von Dingen *getriggert* werden, die tief im Unterbewusstsein vergraben liegen. Nichtsdestotrotz kann ich immer oberflächliche Lebensstile finden. Meine Kunden sind körperlich fit, versuchen sich gesund zu ernähren und befinden sich in der Freizeit oft in der Natur. Mode spielt bei meinen Kunden eher eine zweitklassige Rolle, weil der erste Aspekt der eher der Nachhaltigkeit zugewandt ist. Trotzdem sind die meisten meiner Konsumenten nicht die kompletten

Öko-freaks die bei *FridaysForFuture-Kampagnen* auf die Straße gehen. Sie sind auch nicht die extremen Konsumenten, die politisch die Grünen wählen und Zuhause Wasser und Strom auf das Minimum reduzieren.

Leider wird es immer einfacher, den Lebensstil der Konsumenten herauszufinden, denn wir geben immer mehr Informationen in den Sozialen Medien preis. Ob es jetzt durch ein *Like, Share, Post* oder einfach durch ein Video geschieht, das wir anschauen oder durch Cookies und/oder Positionsbestimmung durch unser Handy oder Einkäufe im Internet.

Großkonzerne wie z.B. *Google, Facebook, Amazon* & Co. sammeln immer mehr Daten, und dadurch wird Werbung immer zielgerichteter. Aus unternehmerischer Sicht ist dies natürlich ein großer Vorteil, den viele Unternehmen nutzen und auch du nutzen solltest, doch aus persönlicher Sicht finde ich diese Art von Datensammlung eigentlich widerlich, weil das bedeutet, dass wir immer gläserner sind, mehr überwacht und kontrolliert, aber vor allem manipuliert werden, ohne dass es uns immer bewusst ist. Das ist ein Dilemma, in dem wir stecken und das wir auch nicht direkt lösen können. Aber wichtig ist, dass uns diese Form von „Manipulation" bewusst wird, dass wir uns Gedanken darüber machen, ob wir damit einverstanden sind und inwieweit dies ethisch vertretbar ist.

2.5.5. Werte

Werte wie Zuverlässigkeit, Vertrauen, Mut und Ehrlichkeit sind in der Regel stabil und dauerhaft und beziehen sich gleichzeitig auf verschiedene Bereiche. Wer z.B. Wert auf Gesundheit legt, raucht nicht, treibt Sport, geht regelmäßig zur Kontrolle zum Arzt, isst gesund und versucht vielleicht in einem Haus zu wohnen, wo keine Sendemasten für Mobiltelefone in der Nähe sind. Auch Produkte können bestimmte Werte verkörpern, so stehen z.B. *Apple*-Produkte für technologische Überlegenheit, gutes Design und Status. Man unterscheidet die Werte: Hierarchie vs. Gleichheit, Harmonie vs. Herrschaft und Konservatismus vs. intellektuelle bzw. affektive Autonomie.[48] Werte können sowohl individuell unterschiedlich sein, aber auch kollektiv geprägt sein. Häufig werden Werte bereits im Kindesalter geprägt. Sie unterscheiden sich zwischen Altersgruppen, sozialen Schichten und Kulturen. Da sich Werte aber zwischen sozialen Schichten und auch Kulturen ähneln, ist es wichtig, bei Marketingstrategien vor allem diese zu beachten. Verschiedene Kulturen haben verschiedene Werte. Da Werte immer eine emotionale Komponente haben und sich interindividuell unterschiedlich ausprägen, können sie sich auch widersprechen. Es gibt verschiedene Spannungen und besonders interessant ist es, dass deshalb Trends immer Gegentrends haben, die genau auf diesen Prinzipien des Kontrasts beruhen, z.B. hat die Globalisierung als Gegentrend auch den Rückzug ins Regionale provoziert oder das Avantgarde-Design hat das Retro-/Vintage-Design hervorgerufen.

Viele Produkte sind *multimotivational*, d.h. hinter dem Produkt stecken mehrere Motive, z.B. ist Kaffee Entspannung (Balance), Ausdruck eines individuellen Lebensstils (Stimulanz), aber auch Ausdruck eines gehobenen Lebensstils (Dominanz) (vgl. Abb. 6).

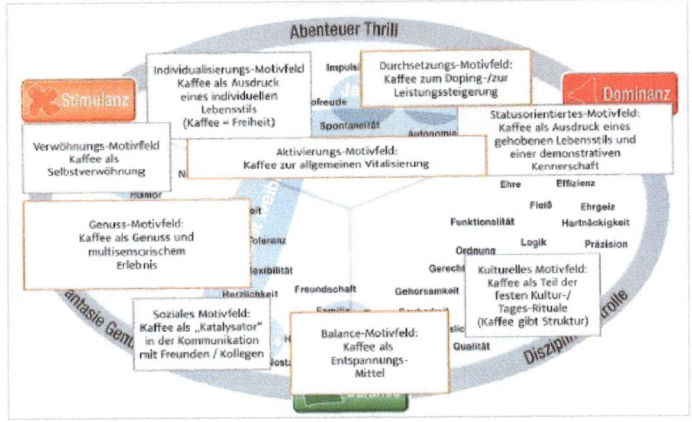

Abbildung 6: Die Multimotivaionalität von Kaffee[49]

Die Werte in der Covid-19-Zeit haben sich stark verändert. Viele Konsumenten streben einen Urlaub fern von Touristenmassen an und wollen mehr in die Natur. Kleine Städte oder abgelegene Orte in der Natur werden zum Trend. Produkte aus der Region liegen immer mehr im Trend. Auch Gesundheit, Ernährung und Wohlbefinden rücken ins Prioritätszentrum. Viele renovierten ihr Haus oder dekorierten es um, kauften sich Kerzen, Pflanzen, eine Smoothie-Maschine, um es sich zuhause gemütlicher zu machen. Manche kauften sich Sportgeräte, eine Sauna oder einen Zuber für den Garten oder legten sich einen kleinen Pool an (Wohlbefinden). Man widmete mehr Zeit dem Kochen und der gesunden Ernährung. Auch die *Wim Hof Methode* hat z.B. in der Covid-

Krise viele neue Anhänger gefunden (Gesundheit). Der Grund ist klar. Durch den *Lockdown* und den Einschränkungen in der Freizeit hatten viele mehr Zeit, konnten dadurch Dinge machen, wofür sie vorher nie Zeit hatten (z.B. Backen, Kochen, Nähen, Lesen und andere Hobbys). Gleichzeitig hat sich durch das *Coronavirus* selbst ein Bedürfnis entwickelt, gesund bleiben zu wollen (gesunde Ernährung und das „Ich will nicht krank werden"- Phänomen, das die Wim Hof Methode in den Fokus rückt).

2.6. Soziale Umwelt

Für alle Individuen sind das Verhalten von Familie, Freunde und Bekannte, Nachbarn und Arbeitskollegen, aber auch Feinde und Neider, wichtig und beeinflussen das eigene Konsumverhalten. Diese Bezugsgruppen können im Laufe des Lebens wechseln. Es gibt drei Typen von Bezugsgruppen: 1. Die Assoziative Bezugsgruppe ist die Gruppe, der man gerade angehört (Familie, Freunde, Arbeit aber auch „Brand Communities", Gruppen von Konsumenten, die mit einer bestimmten Marke verbunden sind), 2. Aspiratorische Bezugsgruppen, die Gruppe, die man bewundert, z.B. Schauspieler oder Sportler und 3. die Dissoziative Bezugsgruppe, die Gruppe, deren Werte und Einstellungen man bewusst ablehnt, z.B. Raucher. Weiterhin unterscheidet man formelle vs. informelle Bezugsgruppen, z.B. Schulklasse vs. ein Treffen von Freunden und primäre vs. sekundäre Bezugsgruppen, z.B. Familie vs. *Facebook* oder *Instagram*-Gruppen. In der digitalen Epoche nehmen gerade diese sekundären Bezugsgruppen immer mehr Einfluss auf das Konsumentenverhalten. Gerade der Vergleich in der sozialen Gruppe wird immer wichtiger und viele versuchen, durch den Konsum eine soziale Ächtung zu vermeiden oder ihr Image aufzubessern. Man versucht, den Erwartungen des sozialen Umfeldes gerecht zu werden. Interessant für mich ist eine Studie, bei der nachhaltige Produkte, denen man oft unbewusst weniger Qualität und weniger Geschmack zuschreibt (also eine negative Eigenschaft), vor allem dann konsumiert werden, wenn man beobachtet wird. Das bedeutet, dass das nachhaltige Verhalten gezeigt wurde, wenn andere Personen in einer spezifischen Situation anwesend sind. Oft passen sich Konsumenten auch aufgrund sozialer Normen dem Verhalten anderer Personen an. Man verhält sich konform zu bestimmten Meinungen und Normen. Andererseits gibt es auch Menschen, die sich bewusst „anti" verhalten, um sich abzugrenzen, sich anders, *unique* zu fühlen und als etwas Besonderes wahrgenommen werden wollen. Wichtig ist auch die Mund-zu-Mund-Propaganda zwischen den Konsumenten. Man schreibt ihr ein sehr großes Bedeutungspotential zu, da Konsumenten sie als glaubwürdiger erachten, wenn sie von Familienmitgliedern, Freunden und Bekannten kommen, als wenn sie von einem Unternehmen kommt. Bestimmte Meinungsführer haben dabei einen besonders starken Einfluss.

Eine Erfahrung in diesem Bereich hatte ich an einem Event (*German Ice Swimming Open* im Januar 2019), wo wir einen Stand mit unsren Produkten hatten. Als jedoch mein Vater, mein Bruder und ich zur selben Zeit schwimmen mussten, fragten wir den Eventorganisator (Christof Wandratsch), ob er an unseren Stand stehen kann. Als wir zurückkamen, hatte er in 30 Minuten mehr verkauft als wir drei in drei Stunden. Alle kannten ihn und jeder, der ihn sah, kam dann automatisch an den Stand um Hallo zu sagen. Der ausschlaggebende Punkt war, dass Christof mit den Konsumenten vorher schon eine Verbindung aufgebaut hatte, da er der Eventorganisator war und deshalb die Kunden eine größere Sympathie für ihn hatten. Interessant für mich war aber auch, dass Christof mit den Leuten einfach ein Gespräch anfing und später, als die Person (ca. 55 Jahre alt) dann gehen wollte, diese dann aufforderte, doch ein Produkt zu kaufen, was diese Person auch tat, und das, obwohl er überhaupt nicht die Intention hatte, irgendetwas am Stand kaufen zu wollen. Die Person hatte einfach nur Christof begrüßen und ihn etwas fragen wollen, aber am Ende kaufte er etwas, was er 2 Minuten vorher gar nicht gebraucht hatte. Das passierte nur, weil dieser Käufer Christof kannte und vorher schon mit ihm eine Verbindung aufgebaut hatte. Deshalb sollte ich in Zukunft bei solchen Events vielleicht jemanden am Stand miteinbeziehen, den viele Personen, die zu diesem Event gehen, kennen, eine Art *Testimonial*. Oder ich selbst muss vorher mit verschiedenen Personen eine Beziehung aufbauen, so dass sie zu einem späteren Zeitpunkt z.B. an meinen Stand kommen und kaufen.

Oft sind die Konsumenten auch in einem Dilemma, gerade wenn ihre persönlichen Interessen und Werte dem der Bezugsgruppe, dem Kollektiv, entgegengesetzt sind. Die Entscheidung liegt oft zwischen der Maximierung des individuellen Nutzens und dem Beitrag zum Gemeinwohl. Bspw. kaufen viele trotz Boykott-Aufrufe und dem Wissen über die Ausbeutung von Arbeitskräften über große Konzerne wie *Amazon*. Und in Krisenzeiten wie 2020 gab es zeitweise fast gar keine andere Möglichkeit. Während des *Lockdowns* kauften viele Personen Produkte über *Amazon*, die sie so dringend zu brauchen schienen. Der *„Ich bekomme das nur auf Amazon.“*-Satz benutzten in dieser Zeit viele. Dadurch geben sie eigentlich indirekt zu, dass sie gar keine andere Wahl hatten und es nicht ihre Schuld ist, dass sie dort gekauft haben, bzw. kaufen mussten. Somit waschen sie ihr Gewissen rein.

In meinem Fall ist China für das *Image* ein kleines Problem, da ein kleiner Bruchteil der Ware aus China kommt und oft Kunden nach dem Produktionsland fragen. Und viele Personen assoziieren mit China „Kinderausbeutung", „Arbeitsausbeutung", „schlechte Arbeitsbedingungen" etc. Deshalb flog ich im Sommer 2018 mit meinem Vater nach China, um mich davon zu überzeugen, dass es bei unserer Produktionsfirma keinerlei Art von Ausbeutung gibt. Mit den aufklärenden Videos konnte ich dem negativen Image chinesischer Produkte ein bisschen entgegenwirken und den Verkauf etwas steigern.

Nichtsdestotrotz kaufen wir seit Januar 2020 nicht mehr in China ein, sondern nur noch bei lokalen Händlern aus Italien oder Firmen, die in Europa ihre Produktion haben, da ich der Meinung bin, dass man aufgrund der Covid-19-Situation vor allem die lokalen Produzenten und Händler unterstützen muss und das auch in Zukunft tun sollte. Denn: der Versandweg ist kürzer und der CO_2-Fußabdruck kleiner. Das ist wichtiger denn je.

Ein anderes Thema, dass ich unbedingt aufgreifen muss, ist die Spaltung der Gesellschaft in der neuen unkontrollierten digitalen Ära (durch das *Coronavirus* und den *Lockdown* wurde diese Situation noch schlimmer). Die Gesellschaft spaltet sich immer weiter. Ob wir jetzt über Republikaner und Demokraten in den USA, über Staatstreue und Staatsgegner zum Thema *Coronavirus* oder über Umweltschützer und Klimaleugner reden: die Gesellschaft ist in zwei Extreme gespalten, und das ganze wird von den Sozialen Medien und den Medien nur noch mehr aufgeputscht. Aufgrund von Cookies und Suchanfragen bekommt man nur noch

Nachrichten, bzw. Informationen, die der eigenen Meinung entsprechen. Wenn man z.B. das Thema „Wahlbetrug bei den US-Wahlen" sucht und einen Artikel darüber liest, dann schlagen die Suchmaschinen nachher Berichte vor, die genau dieses Thema mit dieser Meinung anbieten. Du erhältst also eigentlich gar keine Informationen mehr, die andere Meinungen vertreten. Noch schlimmer sind Suchmaschinen wie *Google*. Wie kann es sein, dass ich andere Suchergebnisse habe, wie jemand anderes, der genau dasselbe *gegoogelt* hat? Es ist ja schlussendlich ganz logisch, wieso *Google* und andere Großkonzerne diese Technologie der Datensammlung und Umsetzung in konsumentenspezifische Werbung weiter erforscht und umsetzt: es bringt Geld und es gibt keine effektiv-rechtlichen Gesetze, die dies verbieten. Radikale Meinungen werden dadurch verstärkt und eine Spaltung der Gesellschaft wird weiter vorangetrieben. Der Staat tut sich schwer, damit umzugehen und diese Tendenz aufzuhalten.

Was ich damit sagen will ist, dass dieses auf Kapitalismus basierende System nicht nachhaltig ist. Uneingeschränkter Kapitalismus macht unseren Planeten und unsere Gesellschaft kaputt. Wie kann es sein, dass ein toter Baum mehr wert ist als ein lebendiger? Eine nachhaltige Zukunft–liegt nämlich nicht im Profit, sondern in einer ethischen Kooperation.

2.7. Physische Umwelt

Zwischen Konsumentenverhalten und physischer Umwelt besteht eine wechselseitige Beziehung. Klima, Jahreszeit und Wetter, aber auch das Gebäude, in dem sich bspw. das Geschäft befindet, spielen eine Rolle. Gibt es dort Hintergrundmusik? Ist es vielleicht dort zu heiß? Ist der Shoppingcenter überfüllt? Aber auch die Gestaltung des Kaufkanals oder die Verpackung von Produkten ist sehr wichtig. Ist die Umgebung eher beruhigend oder macht sie aggressiv? Hat der Konsument das Gefühl, der Umgebung ausgeliefert zu sein oder kann er sich noch kontrollieren? Diese Faktoren können beim Konsumenten Emotionen auslösen, positive oder negative und dadurch das Konsumentenverhalten entscheidend beeinflussen. Diese emotionale Reaktion auf die Umwelt führt dazu, dass der Konsument entweder länger im Geschäft verweilt, sich länger mit dem Produkt auseinandersetzt (*Annäherungsverhaltens-Mode*) oder am liebsten den Kauf schnell hinter sich bringen möchte um dann direkt das Geschäft zu verlassen oder sogar ganz auf den Kauf verzichtet (*Vermeidungsverhaltens-Mode*).[50]

In einem Geschäft ist die Atmosphäre, und dazu gehören die *visuellen, akustischen Reize* aber auch die olfaktorischen und haptischen Reize, sehr wichtig. Gerade in letzter Zeit hat man herausgefunden, dass *Düfte* die Einstellung und das Verhalten von Konsumenten besonders beeinflussen. Sie dürfen jedoch nicht aufdringlich sein. Interessant habe ich gefunden, dass z.B. Modeunternehmen wie Abercrombie & Fitch in ihren Filialen Düfte durch die Lüftungsanlagen strömen lassen, um im Endeffekt ihre Kleidung zu „markieren". Das ist wie ein *Priming*. In der Produktentwicklung arbeiten inzwischen viele Firmen daran, Gerüche zu erzeugen, die knapp unter der Wahrnehmungsschwelle bleiben und einen positiven Effekt auf das Konsumentenverhalten und seine Kaufentscheidung haben, denn eindeutige, stark riechende Gerüche werden eher als störend empfunden.[51] Natürliche Duftstoffe haben eine positive Wirkung.

Der haptische Reiz kann zudem die Kaufwahrscheinlichkeit erhöhen: Weiche Formen, angenehm beim Anfassen, *„Soft-Touch"*, usw.[52]

Genau hier habe ich einen enormen Vorteil, weil sich meine neuen Seifen einfach gut in der Hand anfühlen. Die meisten Personen, die an meinen Stand kamen, mussten einfach das Produkt anfassen (*Need for touch*). Zudem sind die Leute oft verblüfft, wie gut die Seifen riechen. Das ist beim Online-Verkauf natürlich ein Problem und dieser haptische Effekt wird vermutlich in Zukunft auch weniger ausgenutzt werden können.

Auch die Anwesenheit anderer Menschen ist sehr wichtig. Ist man alleine z.B. in einem Geschäft, dann glaubt man, dass dort vielleicht keine Qualität verkauft wird, weil niemand da ist. Zu viele Menschen, wie in den Geschäften in der Weihnachtszeit, können aber auch Stress auslösen. Viele Menschen fühlen sich in der Menge aber auch wohl. Man weiß, dass das enge Beisammensein z.B. in einem Fußballstadion oder auf einem Konzert als angenehm empfunden wird (*Crowding*). Das Zeigen von gleichen Gefühlen und Verhalten erzeugt eine starke soziale Verbundenheit.

Dieses Phänomen ist mir sofort an den Verkaufsständen aufgefallen. Sobald eine Person vor dem Stand war, kam sofort eine zweite und darauf eine dritte usw. Wenn mal keiner kam, war der Stand auch für eine Weile leer. Ich überlegte mir, also wie ich diese Leere vermeiden könnte. Andererseits ist es auch ein Problem, wenn zu viele am Stand sind. In meinem Fall fühlten sich die Leute in der hinteren Reihe vernachlässigt und tendierten dazu, wieder zu gehen. Deshalb stellte ich mich einfach selber vor den Stand und gab so vor, selbst ein Kunde zu sein. Sobald ein paar Leute wieder am Stand waren, wechselte ich wieder auf die andere Seite. Das klappte und dadurch hatte ich einen konstanteren Fluss von potentiellen Kunden.

Zur physischen Umwelt eines Produktes gehört nicht nur der Raum an sich, sondern auch die *Verpackung*. Produktverpackungen erfüllen für den Konsumenten an sich vier Funktionen: 1. Schutzfunktion (die Verpackung soll das Produkt schützen), 2. Distributionsfunktion (die Verpackung soll den Transport erleichtern), 3. Verwendungsfunktion (die Verpackung kann die Verwendung des Produktes erleichtern) und 4. Informationsfunktion (die Verpackung kann genutzt werden, um über Produkteigenschaften aufzuklären, explizit oder implizit).[53]

Wenn ich jetzt diese vier Funktionen auf meine Produkte beziehe, merke ich, dass ich noch einige Verbesserungen vornehmen kann. Meine Seifen sind beim Kauf z.B. in einem kleinen Karton eingepackt und auf der Rückseite befinden sich die Produkteigenschaften. Die Schutzfunktion (1) und die Informationsfunktion (4) sind also gewährleistet. Verwendungsfunktion (3) auch, da die Verpackung das Produkt erleichtert. Die Distributionsfunktion (2) kann noch ausgefeilt werden. Ich benutze z.b. meine Seifen auch immer bei Reisen. Dort passiert es oft, dass ich den Karton schon weggeworfen habe und dann nicht weiß, wie ich die Seife am besten transportieren kann. Eine kleine wiederverwendbare Seifendose aus Edelstahl wäre in diesem Fall nicht schlecht und würde dann die Distributionsfunktion erfüllen.

Dies ist die eine Seite der Medaille der Verpackungen. Eine andere Art von Verpackung kommt vor allem ins Spiel, wenn man Online verkauft. Wenn der Kunde sein Produkt per Post bekommt, will er es nicht in einem Plastiksack oder ähnliches geliefert bekommen. Der Kunde muss einen *Hype* bekommen, wenn er das Produkt auspackt und es von der Verpackung befreit (bsp. *Apple* die sehr viel Wert auf die Verpackung legen). In den ersten 3 Jahren meines Start-Ups steckte ich sehr viel Zeit in die Webseite, bekam aber sehr wenige Bestellungen rein (wenn ich Glück hatte eine pro Monat). Da ich mittlerweile durchschnittlich eine Bestellung Pro Tag bekomme, spielt die Verpackung für den Versand jetzt immer eine wichtigere Rolle. Damals hatte ich die Produkte in Kartons verschickt, die schon mal verwendet wurden und verkaufte es als „Recycelte Kartons". Der Gedanke ist zwar nicht schlecht, doch ich bemerkte, dass das nicht ganz so gut ankam. Der Kunde bekam einen Karton, der schon mal verwendet wurde und mit Packband zugeklebt war: Hässlich und für viele auch unhygienisch. Das musste ich auf jeden Fall ändern. Deshalb habe ich eine Firma ausfindig gemacht, die biologisch abbaubare Pakete und Packbänder herstellt und habe bei ihnen bestellt. Die Verpackungen sehen jetzt sehr elegant aus und sind einfach zu öffnen. Wenn ein Kunde jetzt eine Bestellung von *Addicted To Nature* bekommt, ist der erste Eindruck, wenn das Paket zu Hause ankommt, positiv. Dieses Gefühl wird dann direkt mit dem Produkt assoziiert. Also kann man sagen, dass die Verpackung genauso wichtig ist, wie das Produkt selbst!

Auch *der Verkäufer/ die Verkäuferin* vor Ort beeinflusst das Konsumentenverhalten. Neuere Studien haben gezeigt, dass die Interaktion zwischen Verkäufer und Konsument mitentscheidend für einen Kauf ist. Der Interaktionsprozess ist zu 7% verbal (was wird gesagt), zu 38% vokal (Stimmqualität, Sprechmelodie und Sprechpausen) und zu 55% mimisch beeinflusst.[54] Spricht der Verkäufer kompetent, kann also gut erklären und dadurch Vertrauen schaffen, spricht er gut artikuliert oder hat der Verkäufer den gleichen Dialekt wie der Konsument und hält der Blickkontakt, nickt zustimmend und lächelt leicht und erzeugt so Sympathie, dann wird das Konsumverhalten positiv beeinflusst. Wichtig ist, dass das Verhalten des Verkäufers dabei authentisch und überzeugend wirkt. Es gibt natürlich auch Verkaufstechniken, die das Ziel verfolgen, *Compliance* zu erzeugen. Dabei werden drei Techniken unterschieden: 1. *Door in the face*, 2. *Foot in the door* und 3. *Low Ball*. Bei der ersten bietet der Verkäufer z.B. ein Produkt zu einem hohen Preis an um es dann – speziell für den Kunden – günstiger anzubieten. Bei der zweiten Technik hat man den Kunden für ein kleineres Produkt überzeugt und bietet ihm dann noch ein teureres an. Bei der dritten Technik verheimlicht man zuerst die negativen Informationen, und nachdem man den Kunden für das Produkt schon gewonnen hat, gibt man diese negativen Informationen erst preis, so dass man nicht riskiert, dass der Kunde einen Rückzieher macht.

Wichtig ist zudem der *letzte Eindruck*. Es ist auch die Art der Kaufabwicklung, die längerfristig im Gedächtnis bleibt und für einen positiven oder negativen Eindruck des ganzen Kaufs verantwortlich ist. Aus diesem Grund werden die Menschen an der Kasse oft besonders gut geschult.

Wichtig ist deshalb, dass man bei seinen Kunden nachfragt, ob sie mit dem Produkt zufrieden waren, damit sie das Gefühl haben, man kümmere sich um sie persönlich, denn so haben sie einen letzten positiven Eindruck und kaufen vielleicht wieder bei einem. Dies ist auch ein wichtiges Thema im Onlinehandel. E-Mails spielen hier eine große Rolle. Z.B. eine E-Mail mit einem Dankeschön für die Bestellung, aber auch zur Nachfrage, ob der Kunde mit dem Produkt zufrieden ist, machen einen positiven letzten Eindruck und somit einen Potentiellen Fan, bzw. Kunde. Die Mails dürfen jedoch keine Routine-Mails (*copy-paste*) sein und sollten dabei immer persönlich formuliert werden, was aber auch enormen zeitlichen Aufwand bedeutet und eigentlich langfristig nicht machbar ist. In der Anfangsphase, wenn man noch nicht so groß ist und nicht viele Bestellungen hat, würde ich dies aber trotzdem noch empfehlen, gerade um die ersten Kunden zu binden. Ich habe anfangs den Fehler gemacht, meinen Kunden gar keine Emails zu schreiben. Sie haben immer nur eine generierte E-Mail mit der Kaufbestätigung erhalten. Viele Kunden haben mir nach ein paar Tagen der Bestellung eine E-Mail geschrieben, in der sie fragten, wieso das Paket noch nicht angekommen ist. Mir persönlich war immer klar, dass ein Paket doch länger als ein paar Tage benötigt (vor allem wenn ich eines von Italien in die USA schicke). Seitdem schreibe ich immer noch eine persönliche E-Mail mit dem Namen der Kunden und schreibe noch rein, dass die Lieferung zwischen z.B. 4 und 7 Tage benötigt. Die Kunden wissen dadurch Bescheid und sind beruhigt.

Auch der *Wortklang* einer Werbebotschaft ist wichtig. Viele Wörter sind unbewusst mit bestimmten Emotionen verbunden. Am Beispiel von „Maluma" und „Takete" (vgl. Abb. 7) sehen wir, dass Maluma zwischen Balance und Stimulanz liegt und Takete bei Dominanz. Und damit kann man sagen, dass die Zielgruppe für beide Wörter unterschiedlich ist. *Takete* wäre passender für Männer und *Maluma* besser für Frauen.

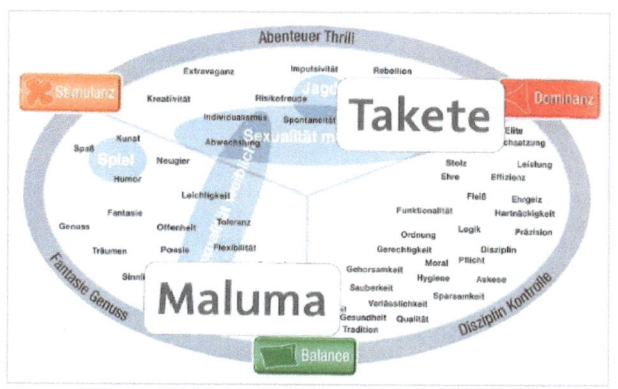

Abbildung 7: Maluma und Takete[55]

Es ist besonders wichtig, dass die Sprache die Emotionen anspricht. Deshalb sind Werbeslogans, Sprüche und Texte

71

wichtig, die es schaffen, gezielt Emotionen und Motive anzusprechen.

Ich benutze sehr selten Werbeslogans. Doch ich versuche immer mehr italienische Wörter, die gut klingen, in die englischen Texte einzubauen, weil das Italienische immer noch positiv mit Mode und Lifestyle (*Dolce vita*) assoziiert wird.

Farben spielen ebenfalls eine wichtige Rolle in Bezug auf Emotionen. Dafür muss man aber wissen, dass bestimmte Farben bestimmte Systeme aktivieren:

- o   Rot und Schwarz > Dominanz
- o   Blau > Disziplin und Kontrolle
- o   Gelb > Stimulanz
- o   Grün und Braun > Balance

Wie ich schon geschrieben habe, wechselte ich genau deshalb beim Logo von der Farbe Rot zur Farbe Grün. Grün ist neutral, steht für Natur und für Balance. Rot ist zu aggressiv, bzw. zu dominant. Trotzdem versuche ich – wann immer es möglich ist – verschiedene Farben zu benutzen, um verschiedene Persönlichkeitstypen anzusprechen, z.B. bei den Teestickers auf den Verpackungen (vgl. Abb. 8).

Abbildung 8: Bio-Teesorten von Addicted To Nature[56]

Man weiß heute, dass schnelle *Hintergrundmusik* die Bewegung des Kunden eher beschleunigt, und dazu führt, dass er schneller das Geschäft verlässt, während langsamere Musik den Kunden länger im Geschäft verweilen lässt. Auch die Art der Musik kann das Kaufverhalten und die Wahrnehmung für Billig und Teuer beeinflussen, z.B. bei klassischer Musik glaubt man, dass die Ware teurer ist.[57]

In meinen Werbevideos achte ich darauf, dass die Musik je nach Thema schneller oder langsamer, moderner oder klassischer ist. Ich achte sehr darauf, dass der Rhythmus zum Bildwechsel passt. Wichtig dabei ist auch, dass irgendwo das Logo erscheint, damit der Konsument den Eindruck, den er bekommt, direkt mit der Marke assoziiert. Ich blende das Logo immer konstant unten rechts und ganz am Schluss nochmals ganz groß in meinen Videos ein.

3

Der Konsument im digitalen Zeitalter

In der heutigen digitalen Zeit funktioniert der Vertrieb anders als früher,[58] gerade in Krisenzeiten. Buhr (2014) behauptet in seinem Buch,[59] dass die zentralen Elemente von Vertrieb und Verkauf die persönliche Präsenz und Kommunikation sind. Er ist der Meinung, dass heute Empfehlungen von Kunden und Meinungsführern noch wichtiger sind als früher und dass aber traditionelle Werte wie der Umgang mit Menschen, Vertrauen, Zuverlässigkeit und Nachhaltigkeit bei einem Verkäufer immer noch wichtig sind, vor allem langfristig. Der treue Kunde ist für den Erfolg eines Unternehmens mit der wichtigste Grund (vgl. Abb. 9).

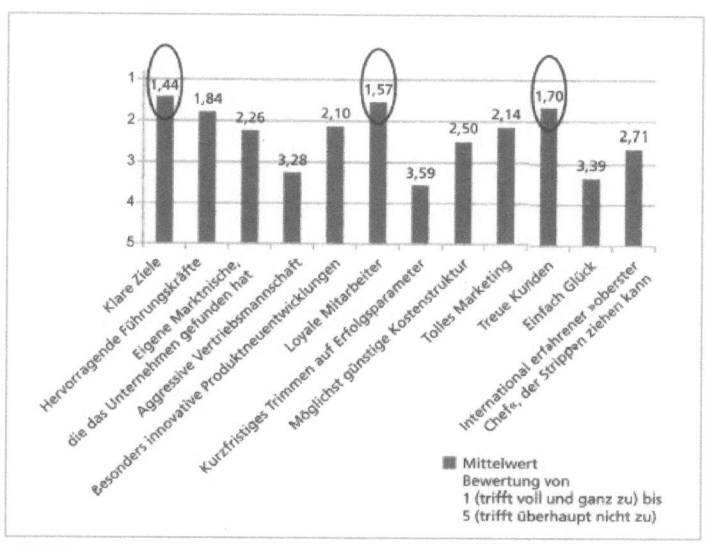

Abbildung 9: Aspekte, die für den Erfolg eines Unternehmens am wichtigsten und zweitwichtigsten sind[60]

Für den Konsumenten sind Ehrlichkeit und wirkliche Leistung, Authentizität und Vertrauen immer noch wichtig, und nicht Schläue, Show und Verkaufstricks (vgl. Abb. 10).

	Am wichtigsten	Am zweitwichtigsten	Am drittwichtigsten
1.	Zuverlässigkeit (15 %)	Zuverlässigkeit (15,4 %)	Zuverlässigkeit (7,6 %)
2.	Qualität (12,9 %)	Service (9,6 %)	Preis (7,1 %)
3.	Ehrlichkeit (12 %)	Qualität (7,9 %)	Service (6,3 %)

Abbildung 10: Wichtigste, zweitwichtigste und drittwichtigste Werte, die Kunden bei einem Unternehmen erwarten, wenn sie dort kaufen[61]

Wie auch schon Hoffmann/Akbar (2016) und Häusel (2016) schreiben, ist auch Buhr (2014) überzeugt, dass in der heutigen digitalen Welt Motive wie der persönliche Selbstausdruck und Emotionen ganz wichtig sind.[62] Er ist der Meinung, dass Menschen vor allem emotionale Individuen sind, die aber auch rational entscheiden können. Deshalb sollte man stärker als früher auch auf den Konsumenten eingehen, auf seine Gefühle und Werte.

Was ist heute aber anders? Buhr ist der Überzeugung, dass der Konsument im ganzen Vertriebs- und Verkaufsprozess heute eine *aktivere Rolle* spielt. Er greift oft schon in die Produktgestaltung („I designed it myself")[63] oder auch in den Vertriebsprozess ein. Viele Firmen nutzen diese *Customer Energy* und bieten Mitmach-Aktionen an[64], um am Konsumenten orientiert ihre Produkte zu gestalten und gleichzeitig das Konsumentenverhalten zu erforschen, um dann wieder gezielter Marketing betreiben zu können. Es entsteht ein Dialog zwischen Produzent/Verkäufer und Konsument. Es ist also extrem wichtig, alle Möglichkeiten zu nutzen, um mit dem Konsumenten in Dialog zu treten, ob im persönlichen Gespräch oder in Sozialen Netzwerken. Die Meinung des Konsumenten ist also wichtiger als je zuvor, und man sollte die Konsumenten auch danach fragen. Egal zu welcher sozialen Gruppe oder Altersgruppe man gehört,[65] wollen die Konsumenten ihre (Um)welt und ihr soziales Umfeld aktiv gestalten. Dabei sind sie gegenüber dem Konsum aber auch sehr *kritisch*. Kritischer und wertorientierter Konsum ist wichtig. Die sozialen Gruppen, die *Peer groups*, die Empfehlung von Gleichgesinnten sind wichtig. Gleichzeitig sind aber auch individuelle Werte wichtiger denn je, was eigentlich nach einem Widerspruch aussieht. Zu diesen Werten gehören heute auf jeden Fall Umweltschutz, nachhaltige Produkte, faire Bezahlung von Arbeitskräften, keine Kinderarbeit, ethischer Konsum, *Political Correctness* und *Compliance*-Regeln, d.h. faires Verhalten gegenüber den Mitarbeitern und Geschäftspartnern.[66] Aus der Sicht des Unternehmens ist für die Nachhaltigkeit wichtig, den Kunden langfristig binden zu wollen und durch langfristige Leistung zu überzeugen und soziale Verantwortung zu übernehmen.[67]

Soziale Medien spielen heutzutage für den direkten Kundenkontakt selbstverständlich eine große Rolle und das Wichtigste dabei ist, auch die Medien gekonnt zu verknüpfen. Man soll es aber auch nicht übertreiben und sich nicht verzetteln. Die Bekanntheit der Marke und der Produkte und das positive Image wird dabei gesteigert. Der ständige Dialog mit dem Konsumenten soll dabei gewährleistet sein. Buhr empfiehlt, bei den Sozialen Netzwerken auf aktuelle Themen und Trends anhand von *Posts* und *Likes* zu achten.[68] Was aber auch interessant ist, ist die Tatsache, dass Konsumenten sich oft im Internet informieren, dass sie Produkte online *liken*, dann aber doch offline kaufen, d.h. man muss sowohl online als offline die Möglichkeit haben, Produkte zu vertreiben. Auch das persönliche Gespräch scheint für die Konsumenten trotz allem wieder an Bedeutung zu gewinnen.[69] In Krisenzeiten wie dieses Jahr muss man sich überlegen, wie man trotz persönlicher Kontaktbeschränkungen mit den Konsumenten trotzdem einen „persönlichen" Kontakt aufnehmen kann. Man sollte deshalb in den Sozialen Medien den direkten Dialog mit dem Kunden suchen und die Konsumenten auch zum Dialog auffordern. Dies kann man auf sehr viele verschiedene Arten machen. Man kann ganz konkret nach Meinungen zu bestimmten Themen und Produkten fragen und sich dann mit dem Kunden in Verbindung setzen (über die Kommentare unter den *Posts* oder über eine Direkte Nachricht). Diese Art von Kundenkontakt ist zwar immer noch virtuell, aber trotzdem effektiv und das Einzige, was in *Lockdownzeiten* möglich ist. Aber falls ihr noch andere Ideen habt, wie man sich in *Lockdownzeiten* mit den Konsumenten in Verbindung setzen kann, dann könnt ihr mir eure Ideen und Gedanken gerne per E-Mail schicken (info@addicted-to.com).

Auch klassische Vertriebsmöglichkeiten wie Flyer, Mails schienen bis vor kurzem noch wichtig zu sein. Letztendlich ist Buhr (2014) der Überzeugung, dass Vertrieb immer noch auf den traditionellen Werten beruht, man aber zusätzliche technische Möglichkeiten hat, die man nutzen sollte.[70] Das wird vermutlich auch die Herausforderung nach der Corona-Krise sein. Marketing im Web folgt eigentlich keinen neuen und eigenen Gesetzen. Das Gehirn funktioniert nach wie vor mit Emotionen, Verknüpfungen, rationalen Momenten usw. Bei einer Webseite ist der erste Eindruck entscheidend, ob der Konsument auf der Webseite bleibt, weitersucht und weiterliest und sich dann evtl. für einen Kauf entscheidet. Die Aufmerksamkeit muss geweckt werden. Das emotionale System muss entsprechend angeregt werden. Eine Webseite sollte deshalb klar und einfach sein. Sie darf nicht zu komplex sein, nicht mit Texten überladen sein.[71] Sie muss vor allem emotional ansprechen. Auf der anderen Seite ist es wiederum wichtig, Text zu haben, damit man über Suchmaschinen überhaupt gefunden wird. Ganz wichtig sind dabei die Benutzerfreundlichkeit (*User Experience*, bezeichnet das gesamte Erlebnis des Benutzers einer

Webseite) und die Bedienungsfreundlichkeit (*Usability*).[72] Eine Suche im Internet muss immediat sein, d.h. wenige Klicks müssen zum Erfolg führen. Die Orientierung muss deshalb leicht sein, damit man eben schnell zum Ziel kommt. Da der Kunde die Produkte nicht selbst prüfen und anfassen kann, ist der Vertrauensaufbau über eine gute Webseite sehr wichtig. Kunden wissen, dass die Anbieter oft nur die Vorteile und nicht die Nachteile zeigen. Das Problem hat *amazon* gelöst, indem das Unternehmen einfach die Kundenrezessionen aktiviert hat. Mittlerweile machen das viele Online-Verkäufer. Kunden orientieren sich dann unbewusst an Produkten mit vielen Rezensionen (Herdeneffekt). Diese sind wichtig, da Beurteilungen von Mitmenschen immer einen großen Einfluss auf das Konsumentenverhalten haben. Auch die Zahlungsabwicklung muss einfach, seriös und sicher sein.

Aber auch kleine winzige Einheiten regen das emotionale System an und provozieren eine Reaktion, wie z.B. die kleinen *Google*-Logos, die animiert sind und sich jeden Tag verändern (*Happy Web*). Ist die Webseite einfach aufgebaut und man kommt fast „spielend" zum Ziel, dann kommt man in den *Flow* und die Stimmung ist positiv (*Easy Web*). Außerdem muss der Kunde das Gefühl bekommen, dass ihm bei einem Problem sofort geholfen wird, indem es z.B. eine Hilfe-Funktion gibt (*Care Web*). Vertrauen ist wichtig, damit der Kunde nicht das Gefühl hat, ihm werden wichtige Infos vorenthalten. Dazu darf es bei der Kaufabschließung zu keinem Vertrauensmangel komme. Da können TÜV oder *Trusted Shops*-Siegel helfen (*Zahlungs- und Datenvertrauen*). Bei der Bestellung möchte der Kunde wissen, ob das Produkt auf Lager ist und wann es ankommt (*Prozess-Vertrauen*).

Auch ist es – wie ich schon geschrieben habe – wichtig, dass der Kunde eine Bestätigungs-E-Mail bekommt, dass er das Produkt bezahlt hat und der Kauf erfolgreich abgeschlossen wurde (Trust-Web).[73]

Das Gehirn schaltet in der Digitalen Welt und auch im Online-Kauf auf *Goal-Mode*; das heißt so schnell wie möglich ans Ziel. Webshopping muss also schnell gehen. Alles, was den Kunden also aufhält, senkt die Kauflust.

Generell, und das gilt auch für eine Webseite, ist es notwendig, dass man dem Konsumenten das Gefühl gibt, dass er selbst entscheidet, z.B. durch die Wahl der Zahlungsmöglichkeit oder der Versandart. Überschaubare Wahlmöglichkeiten sind sehr beliebt.[74]

Ich habe bisher sowohl traditionelle Vertriebskanäle wie Stand, Prospekt, Flyer ausprobiert, als auch über die Sozialen Medien und habe auch selbst bemerkt, dass das eine das andere nicht ersetzen kann, sondern dass sie sich ergänzen. Jede Vertriebsart hat ihr Ziel und ihre Adressaten. Das persönliche Gespräch ist meiner Meinung nach ganz wichtig für den konkreten Verkauf. Die Posts auf den Sozialen Medien sind wichtiger für die Image-Pflege, für die Verbreitung und das Bekanntwerden der Marke. Während des *Lockdowns* habe ich mich noch mehr mit der Webseite und dessen Benutzerfreundlichkeit beschäftigt. Ich habe bemerkt, dass *Views* auf der Webseite zwar stiegen, die Verkaufszahlen aber konstant blieben. Ich habe sofort bemerkt, dass das Problem an der Benutzerfreundlichkeit auf der *Checkout-Seite* der Produkte lag. Es war einfach viel zu unübersichtlich. Der Kunde wusste erst kurz vor der Bezahlung, wieviel er für den Versand bezahlen muss oder ob dieser gratis ist. Das habe ich dann natürlich geändert und die Verkaufszahlen stiegen darauf exponentiell.

Öko-Marketing

Es sieht so aus, als wäre der Vertrieb von ökologischen Produkten keine Nische mehr. Es kommen immer mehr Produkte auf den Markt, weil sich der Konsument nachhaltiger im Einkauf verhält. Vielleicht sind es noch keine richtigen Massenprodukte, aber dies wird es in der Zukunft mit Sicherheit sein. Viele Firmen versuchen, sich zusätzlich anhand ökologischer Produkte zu positionieren und auch ihr eigenes Firmenimage zu verbessern. Ökologische Produkte sind normalerweise keine neu erfundenen Produkte, sondern sind als Konkurrenz zu den herkömmlichen Produkten zu betrachten. Für viele Konsumenten ist das aber ein Mehrwert und sie sind gerne bereit, mehr dafür zu bezahlen.[75] Die Transparenz in Bezug auf die Herkunft ist nicht immer gewährleistet und der Kunde kann oft auch die Qualität nicht überprüfen. Aus diesem Grund recherchieren die Konsumenten sehr viel („Ökologische Produkte sind wissensintensiv.").[76] Diesbezüglich ist es extrem wichtig, zwischen Verkäufer/Händler und dem Konsumenten eine solide Vertrauensbasis aufzubauen und die Glaubwürdigkeit des Unternehmens zu gewährleisten. Das ist vielleicht noch wichtiger als bei anderen, eher traditionellen, Produkten.

Es ist mir klar, dass es nicht einfach ist, in einem Unternehmen nur auf ökologische Produkte zu setzen, da es bei vielen Firmen eher ein zusätzliches Angebot ist. Trotzdem sollte jedes Unternehmen in der Zukunft seinen CO_2-Fußabduck ausgleichen, da es gut für die Umwelt ist, aber gleichzeitig auch essentiell für ein zukunftsträchtiges Image.

Das Marketing von ökologischen Produkten unterscheidet sich im Großen und Ganzen an sich nicht von denen traditioneller. Doch gerade die Details der Vermarktung solcher Produkte sind wichtig. Wie oben schon beschrieben sind Transparenz, Herkommen und Qualität zu berücksichtigen. Nichtsdestotrotz muss auch das Gesamtpaket passen. Dabei spielen die Verpackung und der Versand eine große Rolle. Es bringt nichts, ein ökologisches Produkt zu verkaufen, es dann aber bei einer Bestellung in Plastik einzuwickeln und dem Kunden zu schicken. Zudem ist es immer wichtiger, lokale Hersteller zu involvieren, da der CO_2-Fußabdruck viel kleiner ist. Deshalb verkaufen wir auch Seifen aus Österreich, Honig aus Sizilien und Tee aus Deutschland. Und gerade jetzt in Zeiten der Krise und der Veränderung sind sich immer mehr Menschen bewusst, dass die Reduzierung der Umweltbelastung und die Verlangsamung bzw. das Aufhalten des Klimawandels erste Priorität sind. Ich glaube aber nicht, dass der Mensch deshalb auf Konsum verzichten und nicht mehr Konsument sein wird. Gerade deshalb ist es wichtig, ökologische Maßstäbe und Nachhaltigkeit als Grundlage für Produktion, Marketing, Vertrieb, Versand zu verankern und sie für das gesamte wirtschaftliche Geschehen zur Bedingung zu machen. Das wird die Zukunft sein. Da bin ich mir ganz sicher.

Anmerkungen

Vorwort:

[1] Häusel (2016), S. 15.
[2] Ich orientiere mich in diesem Buch insbesondere an Hoffmann/Akbar (2016) und Häusel (2016). Da es sich um sehr detaillierte Fachliteratur handelt, die sich an Studierende richtet.

Kap. 1:

[3] vgl. Hoffmann/Akbar (2016), S. 6.
[4] Die Rolle des Konsumenten ist in der Regel umfassender und differenzierter als die eines Käufers, da sie schon die Phase vor dem Kauf, aber auch die Zeit danach (wenn wir das Produkt nutzen und vielleicht jemandem empfehlen), umfasst.
[5] Hoffmann/Akbar (2016), S. 3 (Hervorhebung durch den Verfasser).
[6] Hoffmann/Akbar (2016), S. 4.
[7] vgl. Hoffmann/Akbar (2016), S. 5.

Kap. 2:

[8] Man spricht auch von den vier klassischen Marketingpolitiken, den „4P"s (vgl. Trommsdorff und Teichert 2011, zitiert in Hoffmann/Akbar (2016), S. 6.
[9] vgl. Hoffmann/Akbar (2016), S. 6-32.
[10] Bei der Behandlung dieser Themen orientiere ich mich an der Konzeption der Publikation von Hoffmann/Akbar (2016).

[11] Häusel (2016), S. 37.

[12] Hoffmann/Akbar (2016), S. 39 (Hervorhebung durch den Verfasser).

[13] vgl. Hoffmann/Akbar (2016), S. 46-47.

[14] https://de.wikipedia.org/wiki/Maslowsche_Bedürfnishierarc hie (11.03.2021)

[15] Hoffmann/Akbar (2016), S. 45.

[16] Oft werden sie begrifflich nicht wirklich getrennt; die Psychologen sprechen eher von Motiven und die Gehirnforscher eher von Emotionen. (vgl. Häusel (2016), S. 37.)

[17] Ebd., S. 39.

[18] Ebd., S. 41.

[19] Ebd., S. 44.

[20] vgl. Hoffmann/Akbar (2016), S. 60.

[21] vgl. Häusel (2016), S. 51.

[22] vgl. Hoffmann/Akbar (2016), S. 73.

[23] Neuromarketing beschäftigt sich damit, „wie Kauf- und Wahlentscheidungen im menschlichen Gehirn ablaufen und vor allem, wie man sie beeinflussen kann." (Häusel (2016), S. 20.)

[24] vgl. ebd., S. 16.

[25] vgl. ebd., S. 25.

[26] Solomon et al (2013), S. 136, zitiert in Hoffmann/Akbar (2016), S. 78.

[27] Häusel (2016), S. 78.

[28] Hoffmann/Akbar (2016), S. 79.

[29] Cialdini (2007), S. 17-56.

[30] https://www.alpin.de/home/news/41032/artikel_patagonia_s tartet_anti-trump-kampagne.html (11.03.2021)

[31] https://www.carlopellegrino.it/new-vintage/ (11.03.2021)

[32] Ebd.

[33] Hoffmann/Akbar (2016), S. 90.

[34] vgl. Häusel (2016), S. 18.

[35] Hoffmann/Akbar (2016), S. 118.

[36] https://de.wikipedia.org/wiki/Priming_(Psychologie) (11.03.2021)

[37] Häusel (2016), S. 114-122.

[38] vgl. Häusel (2016), S. 158-159.

[39] Ebd., S.159-161.

[40] Ebd., S. 162-163.

[41] Ebd., S.166.

[42] Ebd., S.168.

[43] Aus Platzgründen kann hier nicht auf Details eingegangen werden. Ich habe nur die Ergebnisse und Konsequenzen herausgefiltert, die konkret etwas und Konsumentenverhalten aussagen.

[44] vgl. Häusel (2016), S. 133-137.

[45] Ebd., S. 139.

[46] Buhr (2014), S. 121.

[47] vgl. Wells und Tigert (1971) und Plummer (1974), zitiert in Hoffmann/Akbar (2016), S. 129.

[48] vgl. Hoffmann/Akbar (2016), S.131-132.

[49] vgl. Häusel (2016), S. 68.

[50] vgl. Hoffmann/Akbar (2016), S. 159.

[51] vgl. Häusel (2016), S. 214.

[52] Häusel (2016), S. 217.

[53] vgl. Hoffmann/Akbar (2016), S.167-168.

[54] Ebd., S. 169.

[55] Häusel (2016), S. 204.

[56] https://addicted-to.com/bio-tee/ (11.03.2021)

[57] Häusel (2016), S. 236.

Kap. 3:

[58] In diesem Kapitel beziehe ich mich ausschließlich auf die Publikation von Buhr (2014). Die wichtigsten Aussagen des Autors fasse ich hier extrem zusammen. Das Thema selbst ist so umfassend, dass man noch ein weiteres Buch schreiben könnte.

[59] Obwohl Buhr das Buch 2011 zum ersten Mal veröffentlicht und 2014 aktualisiert hat, finde ich dass er die Trends schon damals gut beschrieben hat und dass sie heute noch aktuell

sind, bzw. sich seine Trends bestätigt haben. Aus diesem Grund kann man sich auch heute, 2021, noch gut auf ihn beziehen.

[60] Buhr (2014), S. 69.

[61] Buhr (2014), S. 45.

[62] Ebd., S. 102.

[63] Ebd., S. 55.

[64] Ebd., S. 57-59.

[65] Buhr spricht von *Digital Natives*, diejenigen, die mit Internet, Handy und Sozialen Netzwerken aufgewachsen sind, von LOHAS, diejenigen, die sich vor allem um die Umwelt kümmern und Bio-Produkte konsumieren, die Generation 50+ und die 60/90er, Menschen zwischen 60 und 90, eine neue Generation aufgrund der höheren Lebenserwartung. (Buhr (2014), S. 26-27.)

[66] Buhr (2014), S. 29-33.

[67] Ebd., S. 203.

[68] Ebd., S. 236.

[69] Ebd., S. 237.

[70] Ebd.

[71] Häusel (2016), S. 246-247.

[72] Ebd., S. 249.

[73] Ebd., S. 249-253.

[74] Häusel (2016), S. 254.

Kap. 4:

[75] Meyer (o.J.), S. 25.

[76] Ebd., S. 31.

Auch von Aaron Ruben Curcio:

Erfolg hat 3 Buchstaben: T U N

In diesem Buch zeige ich dir, wie du ein Unternehmen von hinten aufzäumen kannst, ganz praktisch, nach dem Prinzip *learning by doing*, und ohne vor dem Computer zu sitzen, um ein Konzept auszuarbeiten. Alles, was du brauchst ist eine Idee, Mut, Überzeugung und der Glaube an dich und den Erfolg. Du wirst sehen: nach den ersten Schritten, wenn du dein Produkt in den Händen hältst und die ersten Kunden kommen, dann stellt sich ein Glücksgefühl ein und du bist umso motivierter, weiter zu machen. Wie das genau funktioniert, und dass es funktioniert, das erklär ich dir in diesem Buch.

Buch ISBN: 9783751954303
E-book ISBN: 9783751965866